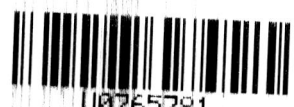

中经理财

专 业 知 识

理 性 思 维

智 慧 头 脑

国际著名股票、期货交易双料专家——

克罗谈投资策略

——神奇的墨菲法则

[美]斯坦利·克罗　著
刘福寿　张良华
施梅琛　吁剑萍　译

中国经济出版社

图书在版编目（CIP）数据

克罗谈投资策略/［美］克罗（Kroll，S.）著；刘福寿等译．-北京：中国经济出版社，1994.8（2025.9重印）

ISBN 978-7-5017-3263-0

Ⅰ.克… Ⅱ.①克…②刘… Ⅲ.①投资—基础知识②投资—经验—美国 Ⅳ.F830.59

中国版本图书馆 CIP 数据核字（94）第 08684 号

克罗谈投资策略

(Kroll on Profitable Investment Strategies)

作者：［美］斯坦利·克罗（Stanley Kroll） 著

刘福寿 张良华 施梅琛 吁剑萍 译

出版发行：中国经济出版社（100011 ·北京市东城区安定门外大街58号）

网 址：www.economyph.com

责任编辑：毛增余（电话：010-57512502；maozengyu@126.com）

责任印制：李 伟

封面设计：红十月工作室

经 销：各地新华书店

承 印：北京艾普海德印刷有限公司

开 本：850mm×1168mm 1/32 **印张：**4.75 **字数：**75 千字

版 次：2003 年 7 月第 2 版 **印次：**2025 年 9 月 33 次印刷

书 号：ISBN 978-7-5017-3263-0/F·2317 **定价：**28.00 元

序

一个偶然的机会我结识了斯坦利·克罗先生。在那之后不久,我得到斯坦利先生这本英文手稿——《克罗谈投资策略》。阅读了这部手稿之后,感觉到书中介绍的一些投资策略对我们确实十分有益,于是产生了将此书译成中文,推荐给国内广大读者的想法。在征得斯坦利先生的同意后,遂将这一想法付诸了实际。

斯坦利·克罗先生可谓期货市场上的一位传奇式人物,1960 年斯坦利先生进入了全球金融中心华尔街。他在华尔街的 33 年之中,一直在期货市场上从事商品期货交易,积累了大量的经验。岁月流逝,财富积累,斯坦利先生带着他在华尔街聚集的几百万美元,远离这一充满竞争的市场,漫游世界,独享人生。五年的游历中,斯坦利先生潜心研究经济理论及金融、投资理论,并先后出版了五本专著。《克罗谈投资策略》是斯坦利先生的第六本专著。

期货、股票行业目前在我国还处于刚刚起步的阶段，与具有上百年期货、股票市场历史的美国比起来，还有不小的差距，特别是期货、股票投资策略问题，对广大投资人员来讲还处于朦胧状态。在该书中斯坦利先生总结了他几十年的投资经验，自成一套分析体系，对诸多情况下的投资策略都有其独到的见地，实为一本不可多得的投资工具书。

在此请允许我感谢刘福寿、张良华、施梅琛、吁剑萍同志，是他们在百忙之中将此书译成中文，使国内读者得以及早地分享斯坦利先生的这一成果。

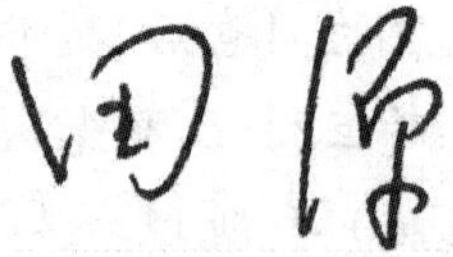

1994. 6. 10

期货交易中的墨菲法则

让我们首先介绍一下墨菲法则。该法则主要是描述基于某一说法的事物发生的倾向和趋势。这一说法就是:如果某件事有可能变坏的话,这种可能性就会成为现实。

一个更为生动的解释就是:假定你把一片干面包掉在你的新地毯上,这片面包两面都有可能着地。但是,假定你把一片一面涂有一层果酱的面包掉在新地毯上,常常是带有果酱的一面落在地毯上。

在这一点上,墨菲法则告诉我们:你若想提前知道哪些交易有可能遭受损失,这类交易就包括:

a. 那些你不曾建立保护性的止损委托的交易,或者

b. 由于不谨慎而持有过多的头寸,超过了你应该持有的头寸。

为了避免这些所谓墨菲法则交易的负面影响,我们

应当坚持：

a. 无论何时都要为所持有的头寸建立保护性的止损委托。

b. 为每一账户积累的合同数额定一个上限，而且无论在何种情形下都不要超过这个数。

墨菲法则在许多情况下都很有趣，但一旦与实际的商品交易联系起来，就不再那么有趣了。

前言

多年以来我一直有一个愿望，就是写一本关于股票和商品交易策略的书，但由于多种原因，始终未能如愿。然而，在1993年我又回到香港时，感觉时机到了，于是就热情地投入本书的创作。很不幸的是，有许多流行的观点都试图把股票交易策略同期货交易策略隔离开来，大多数人认为股票市场和期货市场就如同是两个不同的世界。而事实并非如此。

许多有经验的交易者都已逐渐意识到股票和商品投机交易有许多相同之处，尽管二者之间在逻辑方面有一些不同点。就安全的交易策略、风险控制以及全面约束需要等基本性原则而言，二者极为相近。两个市场的主要区别在于杠杆效应或称齿轮效应。期货交易者通常只需相当于市价仅5%的资金，而股票交易者通常却必须交纳50%的定金。正是这种杠杆效应把二者区别开来。如果期货交易者需交付合同价值50%的定金而股票交易者只需交纳5%，那么情形就会完全相反的。你能想象得出吗，那时商品交易就会被视为安全的、保守的，而股票交易则将会被视为有风险的和投机的。

本书承认两个市场运作中所存在的巨大差异，进而讨论两个市场中的策略、战术、风险控制因素等，即二者相近以及相互区别的方面。你将会发现两个市场相似的地方远远多于其差异之处，从而把在其中一个市场上所掌握的投资技巧运用到另一个市场交易中必将是巨大的财富。

还需指出的一点是我们通常所谈的“追势策略”，也就是随主导趋势的方向进行交易。例如，趁低买入直至支撑价位是人们比较偏爱的交易方式，但只有当这一市场发展主要趋势为涨势的条件下我们才会这样做。如果市场发展趋势是看跌，这样做仍将可能遭受损失。在一个看涨市场上进行的卖空交易亦是如此。

下面我们简单地谈一下，交易中所应当持有的头寸规模。这就像是问这样一个问题：“多大规模才算是过大呢?”我认为，如果你进行的交易同市场价格趋势方向相反，并且有账面损失，那么即使只有一份这样的交易合同也嫌过多。而另一方面，如果你的交易方向同占优势的市场趋势相同，并且市场价格又向着有利于你的方向变动，那合同数肯定是多多益善。这种说法太笼统了吗?好，让我们讲得更具体一些。我建议在股票交易中用于保证金交易的资金最好不要超过你本人资金的35%；对于期货交易，则不宜超过25%。另外，一个比较好的想法是把资金投放于不同的市场，比如说十个市场，从而其中任何一个市场中的估算错误或其他不幸事件对于你的资产组合都不会有致命伤。因此，如果把你可获得的用于保证金交易的资金分散于比如说十个市场（对于一个资金额比较大的账户可分散投资于更多数量的市场上），你就很容易算出你所应当持有的头寸的规模。

最后应当指出的是，无论是在哪一个领域的投资策略的探讨中，没有一个会不提及“墨菲法则”而能成为比较完善的策略的，正如我们所知，**“墨菲法则”并非法律，不过是一种处理事物的方法**，简单地说，就是“如果某件事有可能变坏的话，这种可能性将会成为现实”。

因此，无论何时，只要你一不小心，忘记建立保护性止损委托，或对于一个很好的平衡账户你持有过大规模的头寸（尽管这一交易从图表上“看”起来相当好），你就极有可能再次熟识“墨菲法则”。请记住这一古老的谚语：“无论是杯子击破壶，还是壶撞碎了杯子，其结果往往都是对壶不利的。”这一道理也同样适用于投机；粗心和无能的人很少能追随有利的市场变动，也很少能获得利润的报偿。

在着手开始这本书的写作之前，我在此还要说上最后一句话，如果读者愿意继续就本书的某一方面进行深入探讨，欢迎大家写信给我，或通过出版商转寄。我将尽我所能并在时间允许范围内给您答复。

目　录

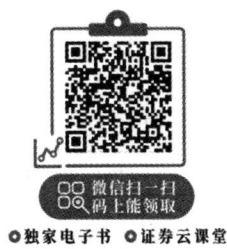

有关图表在本书的位置

1. 导言：人们称为J.L.的人

当巨大的银色飞鸟向西飞往佛罗里达的福特·劳德戴尔市时，从空中望下去，介于墨西哥湾和大西洋之间的闪光的彩色轮廓分外突出。当飞机即将降落时，我仰靠在座位上，回想着此次圣诞节假期我到佛罗里达钓鱼旅行的主要原因。我对一个被人们称为J.L.的人有一种强烈的兴趣，我之所以要到这里来是因为他过去常常来这儿。

我可以描述出在20世纪20年代他鼎盛时期的形象：身材高大，衣冠楚楚，神情严肃，坐在纽约到佛罗里达高速列车的窗边，企盼着钓鱼交友、放松神经、沉思冥想的日子，而更重要的是，企盼着能在华尔街和芝加哥的竞技场上奋勇厮杀之后得到一点休息，尽管这种休息只是短暂的。

他的名字叫杰西·劳里斯顿·利沃默。

20世纪确有一批卓越或幸运的市场操作大师曾在其鼎盛时期,靠着良好直觉及时结清持有头寸赚取百万美元计的利润。我自己,也曾多次很幸运地被算在这一高级的(exclusive)群体中。但利沃默自成一派。仅就其有影响力的操作的规模和重要性,就其买入卖出时那种精确计算和有约束的操作方式,就其经常运用的不同于他人的超然的交易手段,他从未被任何其他人超出过。

杰西·利沃·默出生于1877年7月26日,美国马塞诸塞州舒茨伯里市,是一对苦农民的独子。他14岁时离家工作,在波士顿的一家经纪公司做行情室操作员,每周赚3美元。

从这一平凡的工作开始,又做了几年学徒,在沿东海岸的几家不同的经纪公司进行小额股票头寸交易,这位沉默寡言而又具有献身精神的年轻人终于成为20世纪早期最令人敬畏和仰慕的市场操作大师之一。华尔街的其他操作大师给他起了个绰号:“投机小子”。

利沃默的世界就是价格的波动(股票和商品价格波动)和他执着的意念、精确分析以及对这些价格的预测。当代最著名的金融评论家之一爱德华·J. 戴伊斯指出:“假定利沃默被剥夺得一名不文,只给他一点经纪公司贷款,把他锁在有电话和行情显示器的房间里,他再次出来时又会有一笔新的财富。”

1959年我进入华尔街的最初日子里,利沃默就是

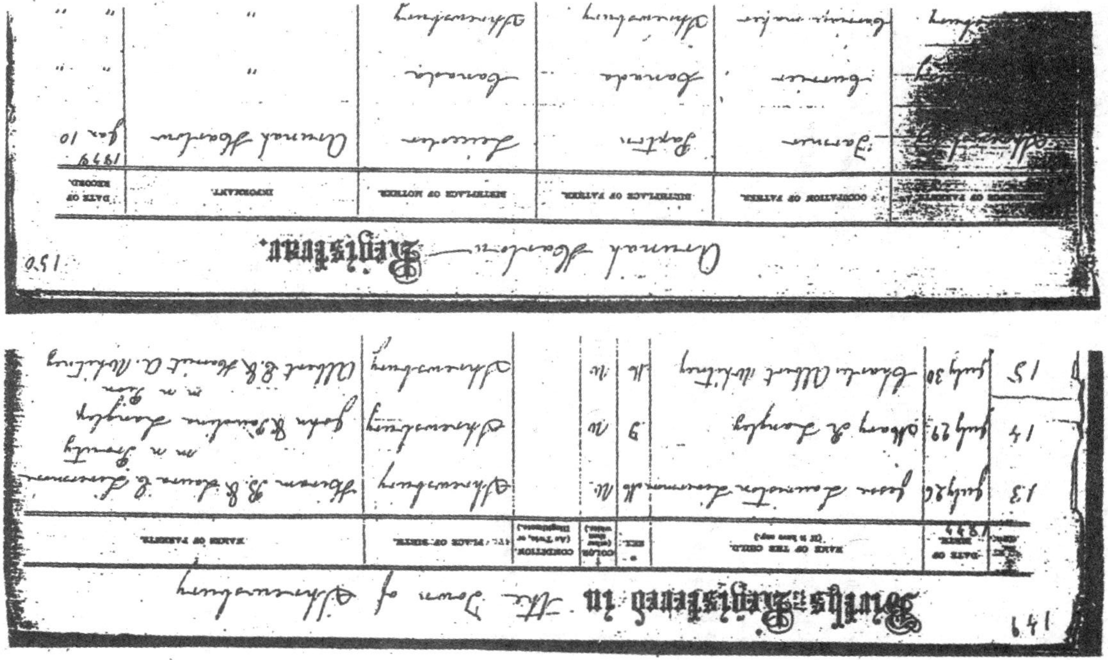

149

Births Registered in the Town of Shrewsbury

No.	Date of Birth 1877	Name of the Child (If it have any)	Sex	Color	Condition	Place of Birth	Names of Parents
13	July 26	Jesse Lauriston Livermore	M	W		Shrewsbury	Hiram B. & Laura E. Livermore, m n Prouty
14	July 29	Mary R. Langley	F	W		Shrewsbury	John & Pauline Langley, m n Pin
15	July 30	Charles Albert Whiting	M	W		Shrewsbury	Albert E. & Harriet A. Whiting

150

Arunah Harlow Registrar.

Residence of Parents	Occupation of Father	Birthplace of Father	Birthplace of Mother	Informant	Date of Record
[illegible]	Farmer	Paxton	Leicester	Arunah Harlow	1878 Jan 10
[illegible]	Currier	Canada	Canada	"	" "
[illegible]	Carriage maker	Shrewsbury	Shrewsbury	"	" "

我心目中的英雄。当我不断发展自身在价格分析以及交易中的专业技术水平时,他又成了我的教练和精神上的导师。同其他许多投资者一样,我深受他的战术、策略及市场哲学影响。

"市场只有一个方面,这个方面既不是牛市也不是熊市,"他写道,**"这个方面就是正确的方面。"**这一基本理论已深深印入我的脑海,挥之不去。每当我读到那些过多重视理论而不关注实际市场的空泛而又乏味的市场分析和策略时,我就会回想起这句话。

像大多数交易者一样,我也常常面临决定哪些是应该持有的头寸,哪些是应当结清的头寸。在这一问题上,利沃默为我们提出了极好的、清晰的劝告,他在评论自身所犯错误时指出:

"我的确做了一件错事。棉花交易已表明我会遭受损失,但我却仍保留着。小麦交易表明我有利可图,我却卖掉了。在所有的投机错误中,几乎没有比试图平均对冲损失更大的错误了。应当永远记住要结清显示有损失的头寸而保有显示出有利可图的头寸。"

然而,利沃默给众多投资者的最具意义的财富还是有关投资目标的总体策略。现时代,交易者日益依赖于功能强大的个人计算机和先进软件,这一财富的重要性就更显突出。即便是相对缺乏经验的交易者也可以借助即时的短期图表显示，进行相当规模的买进和卖出。请注意体现利沃默智慧的这一片段：

在华尔街工作过这么多年，赚过也赔过数以百万计的美元之后，我想告诉你们：绝非我的种种见解使我赚了很多钱，我能够坚持我自己的主张。在市场上正确运作并不需要什么技巧和手段。你在牛市中总会提前发现许多多头机会，熊市同样如此。我认识的许多人都在恰好的时机对市场作出了正确的判断，他们能够在可获取最大利润的价格水平上买进或卖出。而且他们的经验常常足可以与我的经验相抗衡。也就是说，他们并未确实从中赚到钱。能够对市场进行正确判断同时又能坚持自己意见的人并不一般。我发现这是世上最难学的事情之一。但是只有市场操作者牢牢把握了这一本领他才能赚大钱。**有一种说法认为一个知道如何交易的交易商要赚取百万美元较那些对如何交易一无所知的交易商赚取几百美元更为容易，确实如此。**

下面是利沃默对遭受损失所谈论的内容：

遭受损失是我所遇到的困难中最微不足道的。我遭受损失后从未为此伤脑筋。真正使我内心感到不安的，并非承担损失，而是我做错事。

很遗憾，我在佛罗里达的垂钓之旅太短促了，大约一周之后我又回到了还处在严冬的纽约。当我等着大鱼上钩的时候，我想了很多有关利沃默的轶事和他的佛罗里达垂钓之旅，他的交易策略以及他相当多的有关市场运行方面的聪明才智。尽管他那时的垂钓成果较我那少得可怜的一小桶海鱼远为丰富得多，但我却享有他所不可能享受得到的优势：我能研读他的书并从中得到乐趣。

※ ※ ※ ※ ※ ※ ※ ※

几年前我就有了上述的这些想法，但当今天把它们写出来的时候它们同以前一样仍很切合时机。事实上，在过去 50 年甚至 100 年中它们都很重要，就如同它们在今后的 50 年甚至是 100 年仍将很重要一样。

1849 年，卡尔·艾尔佛斯曾说过：**“外界事物变化越多，它们就越会保持本质的东西。”**这当然也适用于利沃默的投资对策和策略。

杰西·利沃默可能是 20 世纪，也可能将一直是最具活力、最成功的独立的投机者和投资决策人。尽管他死于 1941 年，但他对其身后几代股票和商品交易商的影响却是巨大的。我曾读过，甚至无数次重读过他的著作，我把自己算作他的一个学生。当我到达亚洲后，我惊异地发现在地球的另一面竟有如此多的股票和商品投机者对这一投资界的传奇人物有同样的感受。

大约10年前，我曾有个想法，就是利用本世纪二三十年代曾与利沃默在华尔街共同工作或知道其人的人对他的回忆，写一本关于利沃默的书。我在金融类报纸杂志上刊登广告，寻找那些拥有有关利沃默及其工作第一手资料的人，但不幸的是，我动手太晚了。我根本找不到任何拥有亲身的第一手资料的人。这令人很失望，但我自己在华尔街的事业很活跃、繁忙，因此不久这项计划搁浅，我转而从事更有建设性的工作。

但是，我从未完全放弃有关利沃默的计划，而且在其后几年里，一有空我就坚持研读他的著作，并借助利沃默的智慧和经验发展我自己的投资策略。

逐渐地，我有了一个想法，如果我不能写一本"有关"利沃默的有意义的新书，为什么我不能与利沃默"合作"创作一本书呢？与一个50多年前就已经永远地休息的人"合作"写一本书吗？一个同事劝我，认为滥用了30多年的"壕沟战"可能对于我的压力过大，当然除非我对于失败率问题有新的理论见解。我确实没有有关失败率的创新理论，但我意识到尽管利沃默的战术和策略中最好的一部分已得到发展并针对金融市场又加以阐释，经过了这么多年也难免变得有些过时。也许这些策略能够改造成与新的交易环境相适应，能够为世界范围内的新一代股票、商品和期权投资者重新注释。这些新一代投资人随着快捷的私人计算机、强大的软件系统以及即时的数据显示系统——这种数据显示能通过卫星以光速传递到全球最遥远的角落——的发展迅速成长起来。这些新事物是利沃默所不能梦想的。

20世纪90年代以及即将迈入21世纪的交易商用许多种语言分析市场并下达委托指令,而利沃默却只用英语,而且极有可能他不曾听到过绝大多数语言。为了达到最大的效果,我准备为那些具有活力的而又从未听过利沃默的19世纪新英格兰口音的交易商们重新解释利沃默的教义,并使之具有现代气息,同时也把我本人的相关策略与之结合。

事实上,我现在正坐在距华尔街12000英里之遥的香港交易桌前。正是在这里我继续努力从事我自己所选择的职业,分析市场并进行交易,正如许许多多用不同语言(英语之外)和方言的其他金融操作者一样。

对于某些人来讲这可能很奇怪,但归功于现代的卫星通信技术,我在这里用于下达委托指令的瞬间就同在纽约的交易桌前下达类似委托指令一样迅捷。但不幸的是,即便靠着现代科技也有难以克服的一个不方便之处。由于位于地球的另一面,这意味着这里的时间较纽约时间早12小时,因此为了在纽约和芝加哥市场交易,我就必须从晚上8:00开始工作,并在第二天早上凌晨才可结束工作。当然,只要保证那些住在亚洲的美国人得到补偿，那么“值夜班”这一点不方便之处就能很容易克服了。

2. 投资策略的重要性

在1967年，我收到了一封信，该信的部分内容引述如下：

我在纽约的一位朋友寄给我10月17日的《世界糖市场通讯》，我觉得很有趣，而且也是十分有利可图的。摘自杰西·利沃默的引言使我想起了我已故去的不幸的父亲。当我还是个孩子的时候，我问他是如何在期货市场上获利的。他的回答是："你必须既勇敢又正确。"于是我又问："如果我很勇敢，但却判断失误该会怎样呢？"他回答说："那么你就会和船一同沉下去的。"

不幸的是，他属于后者。

我与众多股票和商品投资者所进行的交谈是我这项职业中令人愉快而又有价值的一面，这些多种多样不同的联系与接触持续了30多年，一个不断重复的主题似乎就要出现了。即便是最不成功的交易商也曾偶然地发现过市场上存在获取巨大利润的可能性，尽管这种机会很难把握，但却是实实在在地存在的。如果你总能够避免大失败所造成的相当的危害，你就应抓住机会实现利润。但是，你如何才能避免这种对于世界范围内的金融投机者而言相当普遍的大失败呢？或者如前边引述的信中比较尖锐的话，你如何才能避免“和船一同沉下去”呢？

自从人们聚在一起进行石板、斧子或是一些吃的或穿的东西的易货贸易时，就已有了所谓赢家和输家。然而，尽管存在很明显的潜在利润以及较高的杠杆效应，大多数投机者，包括许多专家，都是以输家而告终。

除了那些虽然只能赚取微利，但交易量大而且只需支付几乎可忽略不计的佣金或结算费用的少数专职操作者外，持续高利交易商多为长期头寸交易者。他们常常是追随市场行情趋势的人。

至于我自己，很幸运地在几次大额头寸交易中进行了正确的选择，从而获取了高利。这些头寸中有的持有期长达 8 个月或 10 个月，其中有一笔头寸，如本书后面将提及的，持有期长达 5 年。

在每一个努力进取的领域中，一流的、可行的策略都是成功不可或缺的一部分。这种策略在金融投机领域的重要性决不亚于其在马拉松比赛、网球锦标赛、象棋比赛或公司收购中的重要性。这一共同的特性存在于下述事实中:成功或胜利既涉及技术方面也涉及策略方面的考虑。**当代众多的投资者在其交易或进取的技术方面可说是不分上下的,而区别那些赢家和未能成为赢家的人的主要依据是看其是否一贯地、有约束地运用着一流的和可行的策略。**

正确运用良策在股票和商品投机中尤为重要。的确,我们都知道那些最基本的规则。想想那些无论进行过多久的交易也未曾经历过一次赢利年份的交易商吧。然而不幸的是,这类交易商却占有很高比例。尽管他们也曾听过,甚至能够逐字地背诵出一些已经经过验证而且是正确的公理:"行市是你的朋友""减少你的损失并尽可能地扩大利润""第一次损失是最廉价的损失",诸如此类。这些能致胜的策略有着最基本的形式,也许所有的交易商都能记起来。但是,一方面持续的赢家能够一心一意地坚持遵守这些致胜策略,另一方面,持续的输家却一心一意地违背、避免运用这些策略。

下面所总结的一些对策和策略,是你们避免彻底失败,能够骄傲地列入"赢家圈子"所必需的。**下面的内容构成了基本策略的精华:**

(1)只参与那些行情趋势强烈或者说行情主要走势正在形成的市场。认清每一个市场当前的主要走势并只持有符合这一主要走势方向的头寸，或者是不予参与。见图2－1和图2－2。

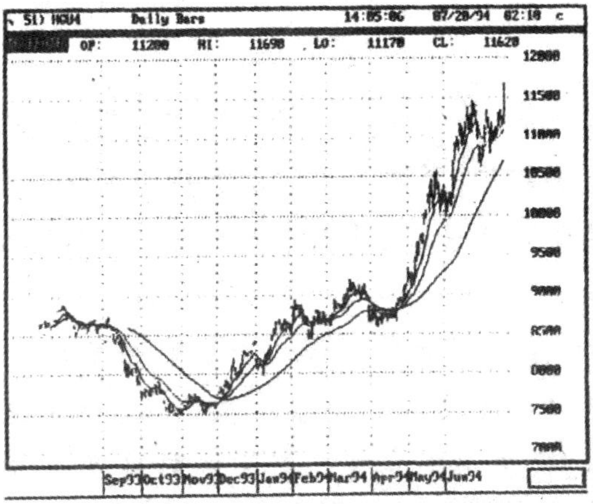

图2－1　行情主趋势看涨

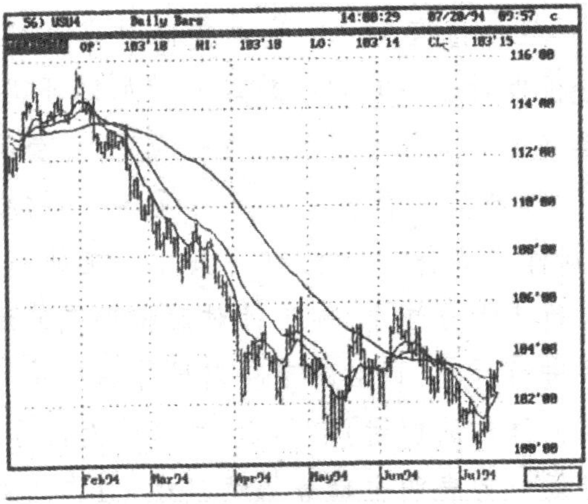

图2－2　行情主趋势看跌

(2)假定你所交易的方向与行情趋势一致,在以前或从属的趋势已产生的较大价差基础上建立你的头寸,或者把头寸建立在对当前行情主趋势的适度逆行位置上。

在这方面,必须注意的是如果你看错或忽略了当前市场的主要趋势,不顾不可救药的熊市而买入或不顾势头强劲的牛市而卖出,多半会遭受损失,同时也会感到很愚蠢。

(3)你追市头寸可以形成很有利的变动,因此你应当坚持持有该类头寸。由于存在追市头寸的有利变动这一前提,你应当忍受任何微小的趋势变动,不要轻易对该变动进行频繁交易,或者试图从反趋势交易中迅速获利。

(4)一旦所持有头寸的变动方向对你有利,而且你的技术分析也对这一有利的趋势变动加以证实了,你就可以在某些特定条件下增加所持有的头寸(金字塔)。

(5)除非趋势分析表明行市已反转,你的指令已被截住,否则你应当保存所持有的头寸。在那一时点上,如果你对行市十分注意,你应针对最新形成的趋势对原持有头寸进行对冲(以后章节将对解除持有头寸的策略进行具体而详细的探讨)。然而,如果你对冲了头寸,而其后的市场行为表明主趋势仍然存在,而你的对冲行为过早了,此时你完全应该重新建立符合主趋势的头寸。

但是,这样做时务必要认真而客观,运用诸如本书其他地方所讨论的那种方法来建立追市头寸。

(6)但是,如果行市与你预期变动方向相反,那又该怎么办呢?首先,你怎么才能知道该头寸的持有是错误的呢?如果你不能弄清楚,那么每日权益状况就能以某种不特定的方式"告诉"你。遵照大拇指规则,投资于股票交易的保证金比例不应超过40%,而对于期货交易则不宜超过70%。

狄克逊·瓦兹,20世纪一位著名的商品投机者曾说过:

"迅速逃避或者什么也不做。"他也许有很雄厚的资产,或者是一个很能以苦为乐的人,从而说出"或者什么也不做"这部分内容来。我的建议是除了"或者什么也不做"以外,可以采纳他的其他的主张。

最后还要强调的是,尽管投机的成功最重要的因素是一致、可行的策略,此外还需要三个增加的重要内容:约束,约束,还是约束。

本书的剩余部分主要用来表明和证实上述主题。我可以公然宣称,从个人的(也是痛苦的)经历来看,每当我粗心地或很愚蠢地偏离这些主旨时,我就会遭受损失。在另一方面,毫不令人惊奇的是每当我根据这里所给出的战术和策略进行操作时常常会赚钱,因为这些都是永恒的指针。

3. 赢家和输家

曾经有人说,“在金融投机中发一笔小财的最佳方法就是一开始就发一笔大财。”尽管很不幸,但这略带嘲笑口吻的引语所表达的却是一个事实,因为大多数活跃的投机者,无论他交易的是股票、外汇、期货、期权还是金融衍生工具,其命运都是以遭受损失而告终。

让我们来研究一下为什么会出现这种情形,以及如何做才能使我们自身成为少数的赢家之一。

在布尼写于1829年的回忆录中记述了这样一段轶事。有人问拿破仑什么样的军队是最好的军队。“夫人,那些获得胜利的军队就是最好的军队。”这位皇帝这样回答。

我是在细细品味有关投资舞台上关于赢家与输家这一主题的短文时想起这段轶事的。1983年1月10日的《华尔街日报》上刊登了关于20位高级商品专家交易商以及他们1983年前半年最好的投资抉择的调查。

第一种选择得3分，第2种选择得2分，第三种选择得1分。结果很具启发意义。

买入铜	18分
买入黄金	16分
买入外币	15分
买入股票指数	14.5分
买入牛	11分
买入白银	7.5分

一些观察值得深层次的思考。首先同时也是最明显的是，所有的介绍都是在买方。不难发现这是一种错误，因为在最高的6种选择中，只有其中的2种，即股票指数和铜，在6个月期间内价位上升。剩下的四种选择中，黄金和外币价位下跌，而牛和白银的价格只有小幅度涨跌。在所有的选择都为多头部位时，那几种当年呈牛市的几类商品，即谷物、大豆、可可、棉花和糖，完全被“专家们”忽略了。

有一点值得注意的是，铜一直是列在该表上的。买入铜在上次调查表(1982年后半年)里位于高水平选择的第二位，在1982年前半年的调查中则是第一位的选择。在这段一年半的时期里，铜的价格行为以及综合的决定至多不过是中等的。铜的市场在整段时期内几乎就没有形成大幅度价格变动；在1982年大部分时期内价格下降而在1983年上半年则上升。

这一练习的目的不过是要表明,要想准确预测,哪怕只是提前6个月,期货价格的变动也是相当困难的,即便是对于有经验的专家们也是如此。专家们的这些不如人意的记录应当提醒严肃认真的投机者们注意如下事实:

1. 专家们也经常犯错误。

2. 真正值得推荐的最成功的做法是:投资和时机选择的良好技术手段,加上周密的资金管理以及着重于追市而不是对行市进行预期。

在股票市场上,对于专家们的预期和股票的随机选择之间也有类似的情形。《华尔街日报》进行过一项两组"分析家"6个月的竞赛:

1. 专家分析员和经纪人小组。

2."掷镖者小组",由一群华尔日报职员组成,他们随机地向日报价格页掷飞镖,并"选择"被击中的那些股票。

人们很可能会认为"职业化的专家们"会一贯地击败"掷镖者",而且胜幅很大。但是,事实并不是这样。在持续几年的竞赛中,"专家们"胜过了"掷镖者",但至多不过是以一个很小的幅度取胜的。因此,一个勤于思考的金融市场专业学生一定会问这样一个问题:为什么专家们常常会犯错误?而且,为什么那么多的交易者在投机行为中遭受损失?回答可能是间接的,而且常常是很难说得很清楚的。然而，如果能仔细思考一下我所称的“投机者的悲叹”，也许会是很有意义的。

除了1975年至1980年我的休假年外，在过去33年里，大部分时间我或者呆在华尔街安静、幽僻的办公室里，或者带上交易监视器、电话、技术工具和其他设备到别的州或国外玩摩托游艇。通常我最主要的目标就是尝试在对我有利的头寸上获取高利，并尽量避免不利头寸所带来的损失。

我常常是独立交易，而且要通过选择。从我早年在纽约美林证券公司做客户经理开始，我就懂得了独立操作的种种好处。我所学到的是如下内容：不管别人的意见如何，他们的已有专业技巧如何，去和他人共享交易策略和市场观点是很没有意义的。整个华尔街的真理是“知者不言，言者不知”。在随后的几年里，我有时有机会就投机问题发表演讲或讲授课程。我的介绍常常侧重于市场策略、战术和资金管理，而不是介绍具体的市场小道消息，即何时买入卖出或买卖哪些工具等。

在这些活动中最令人难忘的也许是连续几个周末在纽约、芝加哥、迈阿密、洛杉矶以及达拉斯所参加的几次交易研讨会。参加者年龄段在19岁至86岁，其中还有几对是夫妻和父子。他们的经验水平参差不齐，从新手到有经验的职业交易商都有。在会议期间，我设法提出了许多问题;而这些问题的答案尤其有启发意义,在此我愿与你们分享。

在与会的几百名人员中我发现他们的经历有着惊人的相似之处。就我所提到的"投机者的悲叹"而言,在新手以及有经验的职业者之间并没有太大的区别,尽管可以理解的是职业交易者很不情愿去承认这一事实。

也许令所有人感到沮丧的是:"我观察到市场行情正如我所分析的那样变动,而当我最终建立我的头寸时,行情却突然逆转,向着相反的方向变动。"如果你知道了所有的交易者都会时不时地同样感到沮丧,你是否会得到一些安慰呢?这种情形从根本上讲是由于没有抓住时机以及战术错误所致,而不是其他交易者"密谋"来击败你(和我)。

由此可以推断出:"我常常发现自己在接近于行市最高点处买入,在接近于行市最低点处卖出。"事实上,正是那些当别人买入他亦买入,或别人卖出他亦卖出的投机者们没有抓住买入卖出的最佳时机,其行为汇总起来也就形成了波峰与谷底,至少在短期是如此的。

这种拙劣的时机选择的交易其后果是可想而知的,巨额损失或微幅赢利。下面引述的一些话听起来是不是很熟悉?

a."我告诉我的经纪人买入XYZ股票,但他却说服我不要去买。"(解释:说这话的人也许曾想过要买入

XYZ 股票但是却没有买,而且可以想见的是,行情上涨了。)自然,经纪人由于错过这一交易受到了责备。

b."我的经纪人打电话建议我买入 KYZ 股票。我并不太想买入,但他说服了我。"(解释:说这话的人买入 XYZ 股票,但买入后不久股价下跌。)经纪人由于该交易损失又一次受到了责备。

如果你并不觉得这些话听起来很熟悉,那么或者你是才开始进行这类交易,或者是你记性不好!这些普遍的经历表达了这样一个相当普遍的现象:也就是说,我们总能很容易地为我们的错误估计和拙劣的交易找个理由。对于这种"输家心理"我很愿意提供一种可行的矫正法。

分析你所在的市场,提前安排好你的策略和战术上的行动,并保守秘密。不要听任何别人的建议,包括经纪公司咨询人的建议、小道消息及一些善意的市场闲谈。同时也不要向任何别人提出建议。你不应该关心希尔森是否买入了 ABC 股票或所罗门是否卖出了 XYZ 股票。你应当坚持你的客观分析以及建立在经证明适合于你的任何一种方法或技术上的市场预测;而且你也只应当在实际的以及客观技术证明的基础上修正自身的策略。这种"证明"可以是你图表分析中的一个信号,你的计算机系统信号,或者是来自保证金业务部,随时告诉你所持头寸已向不利方向变动,你的账户保证金已不足。

总而言之，如果你在交易中赚了钱，你就能挺直身板，接受人们的赞赏并得到财务上的报偿；但如果你遭受了损失，你将单独承担责任。在市场交易中你必须有信心，因为所有“损失”中最严重的一种就是“丧失”对自己独立、成功的交易能力的信心。如果你对此失去信心，除了结清不利头寸以限制导致损失的暴露头寸外，你或许压根儿就不应该进行任何交易。

投机者们的悲叹仍在继续，但这些悲叹看起来不外是由于粗心或交易时机选择不当，对市场趋势的错误判断，不了解良好策略的基本主旨，或缺乏自信心和自我约束所造成的。严肃的自省使人想起这样一个主题：对于全面的成功而言，周密的策略、可行的战术以及良好的资金管理和一贯的风险控制相对于良好的技术或图表方法而言更为重要。

最后，谈起输家与赢家这一主题，如果不研究一下赢的欲望与对输的恐惧之矛盾是算不上完整的。你很少能见到这类探讨，但理解这一逻辑是成功的投资操作关键。

我收到一位澳大利亚投资者的来信，信中主要谈了交易中的逐利问题：

我所进行模拟交易总是比我的实际交易要好得多。究其原因,我相信答案就蕴含在一个简单的事实中,即哪一种心理占了上风,是赢的欲望还是对输的恐惧。

在模拟交易中,只有赢的欲望。而在实际交易中则主要是对输的恐惧心理起作用。

这是不是一个普遍的经历呢? 我们每一个人都有这样一个深刻印象,即纸上谈兵的资产组合较实际的资产组合运作得要好得多。这同样适用于经纪公司和金融快讯竭力推荐的"资产组合模型"。

怕输心理过度占据主导地位的潜在原因之一是,无论从所持头寸规模角度,还是从其账户中资产置换频率角度来看,投机者常常过度交易。交易者控制以及克服过度交易或过多持有头寸的冲动是相当重要的。我通常的原则做法是账户资金的1/3(用于期货和货币)或1/2(用于证券)实际用于保证金头寸,剩余的资金则以带息储备资产方式持有。

耐心与约束是必要的,因为具有那些理解并运用准确的交易时机的人才能使衡点利润增加,虽然在一个较小的比率上,那些战术和交易时间选择粗心或不准确的活跃的交易者的利润也能增加。

在过去的几年里,我收到了几十封投机者的来信,他们声称运用可行的长期计算机交易系统(或者是自己设计或者是购买的商用软件),他们已连续几年有了赢利。这些信中一再出现的主题是必须追随这一系统,并以一种客观的而有约束的行为来准确执行相应的策略。这些经历对于那些发现在风险控制的环境下一贯追逐利润是唯一目标的投资者而言是一种激励。第14章和第15章主要是介绍如何运用计算机交易统的。

4. 基础分析和技术分析

首先,让我们先给出如下定义:

技术分析

是建立在表现在价格、卖空额(对于证券交易而言)和未结权益(对于期货交易)的数量和规模上的实际市场行为基础上的。技术分析家借助图表和技术指标的帮助来分析市场行为,帮助决定何时买入、卖出或者不参与市场交易。

基础分析

是建立在与股票或商品相关的经济因素分析的基础上的。这种方法试图找出价格变动的基础性因素,并根据一些经济因素来估测某种股票或商品价格是高估、低估还是定价合理,对于证券而言,这类因素包括收益、红利、价格—收益比率或其他相关比率,再加上各种平衡表项目等;对于商品分析则包括谷物产量或上年谷物余额规模、来年的需求和竞争性供给等。

用来介绍这一重要主题的最好方法还是先来讲个故

事。这是一个真实的故事，其发生正如我所叙述的：我的朋友托尼是纽约商品交易所的主要场内经纪人之一。我当时正在纽约的朗桑德岛的水面上扬帆航行。那是夏季一个无风干热的下午，当时我们已在水面上漂浮了半个小时，期待着两点钟的南风会把我们吹送出朗桑德岛水域，过一个令人兴奋的扬帆航行的下午。我们两个人都不是很善谈的人，我们很快就谈乏了一些平常的话题，这也许就是我们进行我下面所要讲述的谈话的原因吧。

现在，我所有的朋友都知道了我的基本原则，就是我从不愿意去听任何别人的市场观点，我也不愿把我的观点讲出来。但突然，我们就谈起了燃料油的市场。实际上并不是我们谈，而是托尼谈而我来听着。

"我要告诉你一些极秘密的消息，"他说道，"但你必须答应我不告诉别人。""你瞧，"我回答道，"我对你的小道消息不感兴趣，所以请你保守自己的秘密。"我认为这就会打断他的念头。但我错了。不到一分钟他就从刚才的小小挫败中恢复了过来，他又开始讲起来了。"说真的，"他说，"我要让你知道这事，但别告诉别人这是我告诉你的。"

我想他确实已经决定了，而且这一决定确实是件十分特别的事。果真如此。"亚马尼部长不久就会宣布沙特阿拉伯将要把石油产量提高一倍。"紧接着是很长的间断。"那又怎么样？"我只能这样反应道。但托尼很固执:“那又怎么样?这就是你所能说的全部吗?你难道没有意识到这消息有多重要吗?当然是头号产油大国的石油部长要宣布他将增加产量,整个市场行情肯定会下跌＄20.00,甚至一夜之间可以下跌＄30.00。可以从中赚笔大钱,而我刚刚把这笔财富摞在你面前。另外,所有的大的场内交易员都已大幅度进行空头交易。”

我已经听到了我想听的一切东西。另外,谁又愿意让这种不着边际的话毁掉整个下午美好的航行呢。我回答到:“你瞧,我对沙特阿拉伯或他们的石油部长或其石油产量以及产量对燃料油价格的影响作用知道得并不多。当然我不知道,也不想知道那些‘大老板们’以及他们在市场上想做什么或不想做什么。”(实际上,这么多年我听到过那么多关于“大老板们”的故事,以至于我不再受其影响了。)“尽管就我所知,这个市场目前有小幅度价格波动,倾向于看涨趋势,就我看来,市场行情将在较高价位上突破并形成很强的牛市。因此,现在能否让我们谈些别的什么事情呢?”最后我终于占了上风,尽管我以前从未见过这位不易激动的职业交易员看起来是如此地震惊。但我的策略拯救了那一天,整个下午剩下的时间过得很愉快。

那天晚上我一直想着下午的谈话,一回到家,我立即取出我的图表和技术分析工具,对燃料油市场进行了一次认真的再研究。也许在这个方案中我忽视或理解错了某些东西，因此在那种情形下一次认真的再研究检查是个很好的主意。

当时是1985年7月中旬，燃料油市场交易幅度锁在一个很窄范围内，介于70.00和73.00之间，以1986年2月的期货价格为基准。尽管大多数交易者大幅度进行空头交易，但一些客观的计算机系统已显示出要补回空头头寸并在7月10日持有多头，我正等候在74.00以上的价位上结清，而强烈市场行为“告诉我”这种突破迫在眉睫——我完全持有多头，并期待着很快会有上涨趋势。让那些“大老板们”以及他们不幸的追随者们去随便传播、交换有关亚马尼部长将宣布的通知及其对市场影响的小道消息吧。就我而言，我在期待着牛市，就这样！

亚马尼可能会，也可能不会做出任何通知；即使他宣布了这条消息，那么使行情看跌的消息很可能在市场价格中的影响已经减弱了。如果确实会有这种通知，就我的观点，这也只能是那些被套牢的预期熊市者在强烈的牛市到来而遭受极大损失之前的最后一线希望。总之，我的技术分析研究“告诉我”，我们将再一次见到传统的“空头陷阱”的上演。谨慎是勇敢的较好的一面，我选择了不理会这个空头的小道消息，使我所持有的2月燃料油头寸保持安全和稳定。

这对于我而言是比较幸运的，因为随后是几个星期的价格小幅度波动,在这段期间“大老板”及其追随者们有足够的时间在空头部位进一步增加其责任,7月26日星期五,市场以强势收盘,刚好低于2月的74.00。

成功了!陷阱袭向不幸的空头者们,紧接着最后一次短暂的价格反弹,市场开始陡涨,最终获取16.00美分,相当于每份合同赚取$6700。(见图4-1)

更令人惊奇的事情是亚马尼部长确实宣布他将把石油产量提高一倍(托尼至少在其传播的小道消息的这方面是正确的)并预期价格会大幅下跌。然而只有市场才具有无上的权力,空头的小道消息对市场并无影响。在市场行情疯涨的时候,几乎就不曾为石油部长们的“史诗般宏大的”宣告所动。这肯定极大地鼓励了那些无畏者,而极大地刺痛了那些空头者,他们在最后,由于在牛市情形下盲目听信空头的小道消息而遭受了数以千万美元计的损失。

在这个故事中有一个很明显的教训值得吸取:要当心小道消息或闲聊话题所提到的有关自由市场信息或善意的建议。当基础或技术分析结论不确定时,你一旦忽略良好的、客观的技术性结论,或坚持持有反趋势头寸,那么你就会处在极大的危险之中。无论何时都需要注意客观的市场趋势分析以及偏离当期趋势的大量突发性交易。成功的交易者都培养自身去克服(尽管他们也承认这并不容易)与那些所谓的有根有据的市场传闻

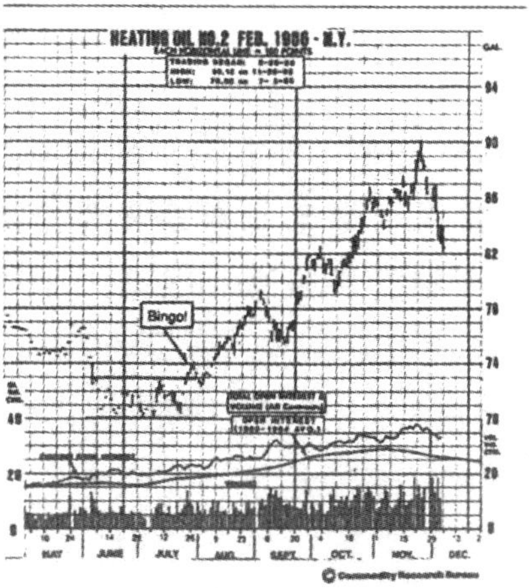

图 4－1　1986 年 2 月燃料油每日价格图

在 1985 年 6 月到 7 月，市场上的燃料油交易一直僵持在 70 到 73 分/伽仑。尽管许多出市代表认为由于沙特石油部长的讲话使油价看跌并持有空头部位，油价却在 7 月 26 日开始上扬，直至 90 分/加仑。这使许多大户及他们的追随者损失了上百万美元，虽然他们曾在这样的熊市中稳操胜券。这是他们的错吗？难以预料的转市。

每条线为 100 点

开始交易	1986 年 2 月 25 日	
最 高 价	1986 年 11 月 25 日	90.15 分伽仑
最 低 价	1986 年 7 月 2 日	70.00 分伽仑

Bingo！→开始转市！

TOTAL OPEN INTEREST& VOLUME(ALL contraction)	所有未平仓单和成交量(总交易量)
OPEN INTEREST	1990 年至 1994 年平均
(1990～1994AVG)	未平仓单
CURRENT OPENIN TEREST	当前未平仓单
VOLUME	成交量

和小道消息相伴的种种警铃声和歇斯底里。

很明显地,香港有一些在整个亚洲范围内最精明也最有经验的交易商。恒生指数期货为投机者们提供了先进的交易机会和行动机遇。然而,从1991年至1993年,这段时期与整个世界范围内的牛市相一致,股价不断上涨,从大约从3000点升至11000点(见图4-2),交易商们连续地尝试进行令人惊叹的牛市的空头部位交易。每当新闻媒介传出一些空头倾向方面的消息,每当一些评论家或被采访者做出一些看跌的宣告,尤其是当一些英国官员谈起中英的不协调,整个市场就会遭受一次周期性的"空头袭击"。事实上,在1993年末期,当恒生指数经历其最激烈也是最陡直的上升运动时,我吃惊地看到在市场开始交易时众多的交易商和会计主管神情紧张地盯着小小的显示器,听着彭定康总督的演讲。在演讲期间,每当总督提及中英谈判桌上的中英矛盾的任何一方面时,整个市场就充斥着多头对冲和新的卖空交易。很显然,交易者们更愿意完全忽略现行的市场趋势,而这种趋势恰是上涨趋势。

事实上,在连续几个月的涨势市场行情过程中,我从许多经纪人和交易人处听到许多宣称他们卖出恒生指数的各种各样的原因:a)市场行情看似是高估的;b)市场行情的矫正到时候了;c)他们听到一个看跌的消

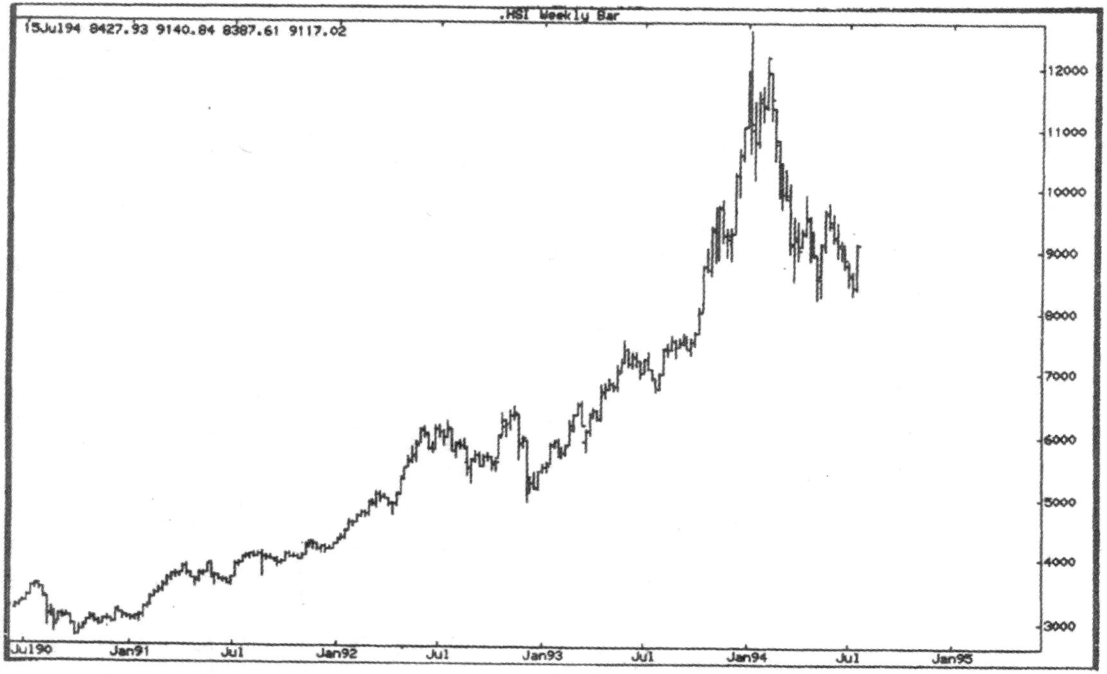

图4-2　长期（1991年至1993年）恒生指数图

息认为价格将会下跌,而且d)纽约一家大投资公司大量买入是价格上涨的最主要原因,而这家公司行为不久要变为空头从而会使市场行情再次看跌。

事实上,实际的情形是:a)市场行情有着很明显、很显著的涨势,而且b)没有可行的、客观的原因去做空头交易。

一大群投机者屈服于没有约束的想当然的想法和一种在市场上空头的愿望(他们过早地对冲了其所持多头头寸,因为价格"太高了",因此他们现在要进入空头部位以显示其聪明才智)。与空头头寸相伴的"红字"是又一些补充证明(似乎交易者们需要这样的补充证明),证明试图不顾一个很强的稳固的牛市而试图瞄准波峰或谷底进行交易获取利润,对人们的财务上的安全和稳定常常是很不利的。

无论在股票、商品还是在外币投机中都绝对需要一种有约束的、客观的处理方法,这似乎是本书中不断重复出现的主题。我们都曾有过这样一种经历,即放松警惕性,忽视真实的技术条件和市场方向,尽管如果我们愿意去发现,这些内容常常是很明显的。而且,这些结果都是可预期的:不成功的交易和一系列的一贯的损失。不幸的是期望与恐惧、不耐心、贪婪,尤其是与缺乏约束是相对的,这些都是成功操作的一些主要障碍。

试举一例,1984年夏天,芝加哥谷物市场正经历着由大幅价格波动趋势进入一个很明显的跌势的过程。

大多数可靠的追随长期趋势的计算机交易系统如大多数客观的图表技术一样,显示出行情下跌。尽管仍需进一步的证明,但当商品研究局(CRB)的谷物期货指数跌破23.00点的水平时(见图4-3),这种趋势已得到了证实。这种发展中的看跌趋势的事实,极其稳固,一直持续了2年多,原因是由于商业报界不断涌出看涨故事和文章常常被忽视:美国不好的气候条件及其对谷物生长的损害,未曾料到的苏联谷物短缺,而这种短缺将会引致大量的世界谷物的购买,以及加拿大谷物的成产率。这些普遍的看涨心理! 因此人们不得不问道,为什么谷物市场会进入一个长达将近2年的顽固的跌势呢?

图4-3　1984年中期CRB(商品研究局)谷物期货指数图

1984年对期货交易者来说是令人困惑的一年。所有消息都是利好的,投资者在第一季度人市并认为价格会继续保持上升的势头。实际上这次上升只是一次大的下跌的前奏,这次下跌一直持续到1985~1986年。仅有少数严谨的技术分析者借此挣了大钱。

商品研究局谷物期货指数(1967年为100)

在1984年中期的金属市场上我们也经历了相似的情形。大多数的市场预测、经济分析以及经纪公司咨询都预期价格会有所改善，并很明显地建议持有金属市场的多头部位。确实是多头部位！而且，CRB的贵金属指数又一次重复其错误（见图4－4）。价格又停在另一个下跌支撑点的边缘，并在20世纪80年代早期残酷的熊市中由实际的市场行为加以证实了。

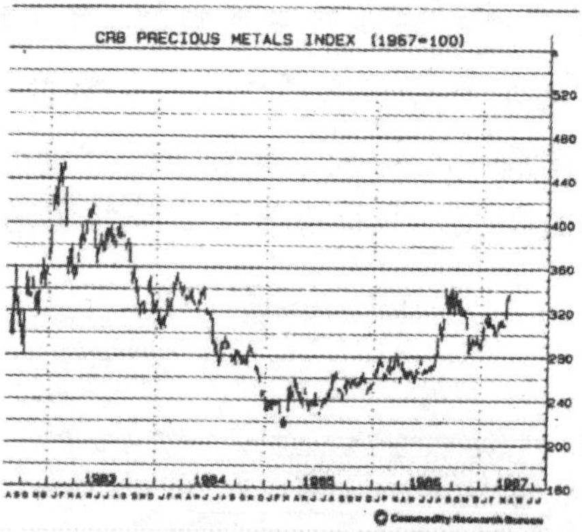

图4－4　1984年中期CRB贵金属指数图

仔细玩味这些不断涌入的看涨信息不得不使人产生一种预期涨势的心理——但如果客观地有实效地分析一下技术性因素，又清楚地表明我们所进入的是一个看跌行市。成功的投机者们，运用有约束的、实证的方法进行趋势分析，运用可行的追市策略，将会忽略所有的市场小道消息，从而把注意力集中在良好的技术性分析上。这样做，他们或者将会在空头部位获利，或者至少可以避免持有多头部位以免遭受损失。

结语:人们运用客观技术分析得出结论与人们在所谓新闻和分析中所看到的结论经常存在差异,这似乎带给许多投机者一个近乎永久性的矛盾心理。例如,对于在货币市场投机者而言,若以基础性预期或市场小道消息为基础进行操作常常是相当困难的。紧接着前一段时间的货币疲软,纽约主要的金融类报刊都指明:"令交易者惊奇的是,美元昨天显示出强势,这部分缘于波兰工会领导人的被扣留。"德国马克疲软,缘于德国银行是波兰的主要贷款者这一事实。然而当天日元显示出强势,因此同样的文章很巧妙地把这归于是日本与欧洲隔离的结果。然而,假如日元价格下跌,或假如德国马克价格上涨,你肯定会看到一个相应的措辞得体的解释被创造并传播开来。

当我发现自己被那些很明显的矛盾说法和人为的事后宣告和准分析搞得迷乱、不安时,我的做法是把自己与这些所谓的消息隔离开来。取而代之,我把注意力集中在一个详细而有实效的技术因素和指标的分析中去——试图从混乱中寻求到条理性。这段时间最好在隔离状态执行,远离各种打扰和善意的建议者。隔离状态与期间稳定以及与分析的清晰和高质量看起来是有一种相关关系的。

5. 孙子(2500年前)所著《孙子兵法》和交易致胜艺术(公元1994年)

有两本书我曾一再阅读,至少每本阅读有五次之多。第一本就是《一个股票交易者的回忆录》,书中描述了交易策略并且对杰西·利沃默进行了探讨。很显然,利沃默对于该书的任何一位读者都不再陌生了。另外一本书就是孙子所著《孙子兵法》,该书较利沃默而言更为深奥难懂。这部著作是2500年前的一位富有传奇色彩的中国将军所著。这本书最初是作为战场致胜的论文而做的,如果你只从字面上阅读该书,会发现这本书中的故事是关于武装的军队、火攻、古老的兵器以及2000年前的战役对策的。但是,人们现在阅读并在世界范围内加以研究的这本著作的意义早已超过其最初创作时的意图和目的。

《孙子兵法》可称得上是当代最具影响的有关策略方面的著作,在过去的2000年里在亚洲,不仅是军事领导和军事战略家，现代的行政长官和政治家也在满怀激情地研究此书。比如在当代日本，领导者们把这一古老的经典著作令人惊叹地成功地用于现代商业和政治中。实际上，许多人都觉得战后日本的成功是孙子一句名言的真实写照，这句名言是："不战而屈人之兵，善之善者也。"

除了政治以外，《孙子兵法》广泛地用于具有普遍意义的竞争上，从人与人之间的竞争到国与国的竞争各种不同的层次。其根本目的是通过通晓物理、政治、矛盾心理学，尤其重要的是了解自己本身来达到天下无敌、不战而胜以及获得不可战胜的力量。

读《孙子兵法》，应以道家那种讲究精神的传统为背景，此书可作为对人性洞察力的源泉，以及解释是什么使某些人成功，而另外一些人却失败了。道家认为生活本身是各种相互作用的力量的复合物，从而促进了物质上和精神上的进步。最重要的是，《孙子兵法》是一种工具，它有助于理解冲突与转化的真正根源，有助于理解约束和耐心以及成功与失败。很肯定地说，这是一段最为雄辩而又引人注目的表述。但是，我们的兴趣是在金融方面，而不是政治或社会方面。因此，让我们再读此书，看一看其对股票及商品投机者有何指导意义。

大约2500年前，孙子写道：

知彼知己者，百战不殆。

其实，你在这些金融市场上运作的时间越长，你就越可能把这些市场视为巨大的战场。把交易视作战斗、战争。尽管并不存在弓箭手和剑客们埋伏在下一个山头准备切断你与主力的联系，但在金融舞台上，你会发现自己处在一种异域的、不友好的环境中，其中有许多参与者随时准备把你同你的资金与自信心分离开来。因此，你必须对市场有一个全面的了解。具有相当水平的经验只是整个战斗的一部分，你还应不断回想自己的行为，以便从以前的各种战斗中汲取有价值的经验教训。事实上，单就把市场看成“战场”这一描述来看，也进一步证实了人们对引用孙子兵法的信赖程度。正如孙子所说，你必须“知己”，而这一点在金融投机中是再重要不过的了。

孙子曰：夫未战而庙算胜者，得算多也；未战而庙算不胜者，得算少也。多算胜，少算不胜。

你是否注意到这样一个事实：当你稍微提前准备建立或对冲头寸时，如果这一行为是建立在谣言、传说或小道消息上，较那种事先估测所知道的事情的每一个方面并把决定建立在对所有因素细致入微的研究上的情形而言，成功的可能性要小得多，当然，在我自己的交易中我已经注意到了这一事实。

孙子曰:夫钝兵挫锐、屈力殚货……虽有智者,不能善其后矣。

除非你感觉财力雄厚并有信心能控制事情的结果,即能带来高利或仅遭受小损失,否则你就不要进行交易或做出投资决策;而且,如果你在这次战役中未能获胜,但你有信心,知道总体而言,你能够成功,那么你就应继续进行另外一次战役。

孙子曰:兵之情主速,乘人之不及。

如果你在市场上进行交易,不管你是日交易商还是头寸(长期行为)交易商,一旦你从你所使用的任何一个时机选择指标中获得可操作的信号,那么你应毫不犹豫地进行这次交易,而且要迅速。当别人还在等着找出某一特定的行情变动发生的原因时,你应当已经处在市场中,下达了交易指令,并按照你所采用的策略行事。这是一种快步的竞赛,你必须勇敢,并且一旦你的信号“指示”你采取行动时,你就立即执行。这不是犹豫或害怕的时候,不要怕犯错误,因为你的止损指令不会使你遭受很大的损失。但是,如果从你所相信的技术分析方法中你得到了确凿的交易信号,你仍感到害怕,这样是没人能帮你的。

孙子曰:故杀敌者,怒也;取敌之利者,货也。

每当我经历一场艰难而漫长的战役,而我的决策又很聪明(或说很幸运),我常常奖给自己一些能带来满足感的有形物品。这可能是一次比较特殊的晚餐,或像最近,我从自己所赢得的一场高利交易收益中买了一台我向往已久的照相机。这一策略的最集中表现恐怕要算下面这件事了:当我持有的巨大的铜的多头头寸在经历了长达9个月的市场涨跌之后最终赢利时,我买了一艘漂亮的46英尺内燃机发动的帆船。当最终结清该头寸并一次性支付帆船买价时,我的满足感真是不胜言表。

孙子曰:防患于未然,防微杜渐。

当你仍在进行纸上交易并准备你的策略时,在你安静、安全的办公室里计划着金融战役是更为容易的。整个战役的每一方面都应加以研究和估算:如果价格上涨……如果价格下跌应该做些什么?在哪方面以及怎样增加头寸(金字塔)……在哪方面以及怎样减少头寸的规模?如果所持头寸变得不利,你是立即解除该头寸,或者你会再次进入市场持有反方向的头寸?交易的这些以及许多其他方面都应在巨大的金融风险形成之前提前分析并估算出来。提前在纸面上做这些分析是很容易的;但一旦你承担了责任,投入了资金和自我,这些要做起来就相当困难了。

孙子曰：强身而不为其所困，养心而不为其所扰，处世而不为其所侵，谋事而不为其所患。

一般来说，除非无论从心理还是从身体上我们都感觉很好时，我们进行交易是不能达到最佳效果的。一个人处于近乎最佳状态时并不是最好的。交易成功，就如同体育竞技、音乐演奏或棋类比赛要取得成功一样，需要一个人达到心理和体力上的最佳状态，注意力集中以及有约束能力。如果你不具备上述条件，你应当清楚，在此情形下，你应处在市场之外直到你清楚地知道你已达到了自己的最佳状态。同样，不要让外界影响干扰你交易上的注意力。有一篇介绍我交易方式的文章曾提到我有一次竟忽略了在我的办公楼举行的消防训练；事实是当时我完全被市场上所展开的激动人心的交易事件所吸引，猜测着我对各种不同的市场上发生的事件的可能反应。

孙子曰：故善用兵者，避其锐气，击其惰归，此治气者也。以治待乱，以静待哗，此治心者也。

与此相应，我要讲一下利沃默曾描述过的一件事：他的一位自命不凡的交易伙伴决定从其市场利润中为其女友买一件皮外套。他连续几次遭受损失之后，另一个人接受了这一挑战并试图"赚得"这件外套，但他也同样失败了。最后，这一群人中的其他人也都这样尝试了,但他们都遭受了同样的命运并最终放弃了这项计划。总的结果是,这件$2000的外套总共花费了他们大约$40000,而且到了最后这件外套仍未能买成。靠推测就能赚钱并不容易;但是当你以一种有防备的、超然的以及完全的注意来取得这一想要得到的东西时就会相当可行的。如果你想得到乐趣,过得高兴,做点别的什么事;但一旦你在市场上操作时,一定要严肃认真,按逻辑办事。

最后,孙子还告诉我们要保持客观,以冷静的态度估计事物情形,以及经过认真计划的行动所具有的优势。

让我们再回来看看利沃默对于当代交易策略的类似解说。

能够判断准确并且坚持自己的判断的投资者是不同凡响的。我发现这是最难学会的事情之一。但只有市场操作者牢牢掌握这一本领他才能赚取高利。**一个经过训练的交易者要赚取百万美元,较对交易一无所知的交易者赚上几百美元要容易得多,这句话确实道出了真理。**

6. 你所期望的赌博方式

在和当代最主要的资金管理者之一的拉里·海特交谈中,他说他不认为自己主要进行的是商品期货交易。当我问及他认为自己所从事的行业时,他答道:“最好的赌博业。”

沉思了一会之后,他又告诉我他之所以成功,很大程度归功于他能计算出每一头寸获利的可能性,并据此下赌注(持有头寸)。

这种处理方式是职业交易商所独具的,因为我从未听到任何一个非职业交易者表达过这种理论。然而,这些却是非职业交易者应当认真考虑并学会的,因为这对于整个的成功操作具有一定的帮助作用。

让我们看看下面这段引语,本章的标题就是从中摘取的:

跑得快的人在赛跑中未必获胜,

强大一方在战斗中也未必获胜,

但这就是你所喜欢的赌博方式。

——美国作家

戴文·阮

职业交易员所知道的,也是上述引语所暗含的,即所谓在最有可能获胜的交易上下赌注是最佳“行动”。而那种最没有希望成功的交易,一旦成功,其回报较那类最有可能成功的交易的回报要丰厚得多。但关键是,在赌博中最有希望成功的交易“成功的可能性最大”。当然,这一理论也有例外情形,我们都能够记起这类情形,即那些看似最不可能成功的交易却对极高的赌注进行了回报,在赌博中获胜。但这类情形确实是例外情形,而且也是少数例外。如果你想要一直赢利,你应当一贯坚持在“最有可能成功的交易”上下赌注。当然,在任何一个单个的“赌博”中,最不可能成功的交易也很有可能占上风。但是,只在某一单个争夺中获胜,对于那些一心想在一系列“赌博”中一贯获胜的严肃的投机者而言,并不具有特别的意义。而且,如果一贯坚持在最有可能成功的交易上下赌注,总会得到报偿的。

试举一例。假定你赌一场网球赛或象棋锦标赛。在这种情形下,一号种子选手同比如说 20 号种子选手比赛。肯定地,最有可能获胜的人有最少的赌注,而最不可能获胜的人身上的赌注则最高,如果他获胜,其回报将是令人难忘的。然而,最简明的赌博还是把赌注押在最有可能获胜的选手身上。任何一个有能力参加锦标赛的选手由于运气好或一些其他客观因素,可能在一次或只是少数几次比赛中击败那些最有可能获胜的选手。但从整个网球或象棋锦标赛上来看,那些获胜希望不大的选手绝不能指望着靠运气来获得胜利。因此,可以预期最有获胜希望的选手取得胜利,而且那些有经验的人会把钱押在最有希望获胜的选手身上。

如果你,或者是你所认识的某个人,在一个具有明显看跌趋势的市场上持有多头头寸,或不顾主要的看涨趋势而卖空,但这类头寸的结果却有一份很好的利润,这类事发生时,你会做何感想呢?从这一事实中你是否有可资借鉴的经验教训呢?这是否意味着,如果你一直反主趋势而买入或卖出,就能期望着最后能成为赢家呢?回答是无条件的一个字:不!

我想说的是,这种反趋势操作下的利润,如果确实取得了,那主要是因为运气好,而不是靠技巧或交易才干。除了某些特定情形下一些很有经验的交易商会运用反趋势交易策略外,人们应把其交易限制在符合主趋势的基本方向上。

a. **买入:**在主要看涨趋势下的微势反弹。

b. **卖出:**在主要看跌趋势下的微势陡涨。

下面的交易是这种追市交易策略的典型范例。考虑一下在新加坡国际货币交易所(SIMEX)交易的3月NIKKEI一例。(见图6-1)

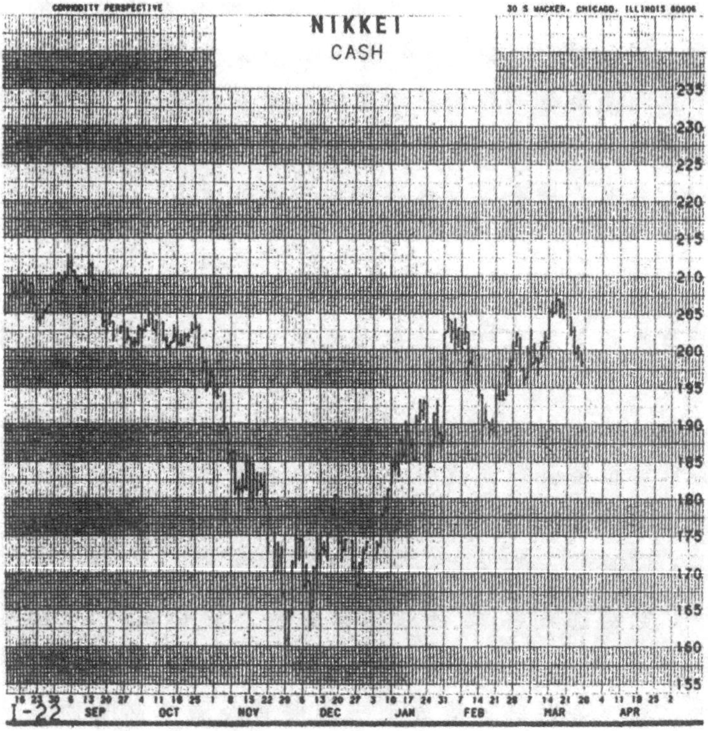

图6-1 日经指数(现货)

在这一分析中,我们将用50天简单移动平均数(SMA)对照收盘价,作为我们的趋势指标。我们也将从9天简单移动平均数对照18天简单移动平均数对照

50天简单将动平均数来获取入市和出市的信号。

买入:收盘价>9-SMA>18 - SMA>50 - SMA

卖出:收盘价<9-SMA<18 - SMA<50 - SMA

研究一下1993年3月至1994年2月这段期间每日图表,我们能够看到五个明显的趋势段:

(1)看涨趋势,从1993年3月至1993年6月中旬,价格从17200升至20500。

(2)小幅波动趋势,从1993年6月中旬至1993年8月初,价格在这四个月期间在20000和20765波动。

(3)小幅波动看涨趋势,从1993年8月初至1994年9月末,价格在20700到20270波动。

(4)看跌趋势,从1993年10月初至1994年1月初,价格从20500跌至18000。

(5)最后,是看涨趋势,从1月初至……价格从18000升至大约20000。

如果投机者在市场上的每次交易方向与上面表明的五段行情趋势相一致,他不仅处在了市场正确的一方(除了在两段小幅波动趋势段他可能会遭受双重损失,但损失也是微小的),而且他也能相对一贯地获得较好的利润,且相应的风险也在合理规模内。很清楚,追市交易并不试图买高或卖低,但如果确实如此,那不过是运气问题而不是技术问题。另外,在小幅波动无明显趋势的市场条件下,该类型交易往往会令人失望地遭受双重损失。但是在趋势明显阶段,追市交易策略会使你在极接近高点和低点时入市,从而在市场两个方向上获得一些有意义的坚实的利润。

除非某人能为非职业投机者发现一种更好的交易方法(这一天也许永远不会到来),那么追市策略以及把赌注押在最有可能成功的交易上(一种“最佳赌博”头寸)也许将继续是进行一贯而风险合理的交易的最佳方法。“最佳赌博”交易的另一个方面就是运用一种重新进入你过早退出的趋势市场策略。

很清楚,要想获得高利的必备条件之一就是具有某种能力,即能够在行市变动过程的大部分阶段坚持持有追市头寸,不管这段时间是几个月还是更长。这事说起来比做起来要容易得多。我们过早结清头寸的原因有许多,因为止损限额过窄而使交易被市场截止,或由于厌烦、不耐心或紧张而结清头寸。另外,一个动态市场的普遍的心理是,就在行市转为上涨之前占上风的观点通常是看跌,而在行市转为下跌之前则为看涨心理。他们说:“获利的人是不会破产的。”**我的说法是:“在明显的趋势市场只获小利的人不会变富。”**我们都经历过这些。我们获取了很小或居间的利润,然而不久之后,市场发生了主要趋势变动,此时我们没有头寸,只能旁观。

利沃默简洁地说道:“能够准确判断并坚持自己的

判断的人不同一般。我发现这是世上最难学的事情之一。但只有当一个市场操作者牢牢掌握这一本领他才能赚大钱。一个经过训练的交易员要赚取百万美元,较对交易一无所知的人赚取几百美元而言,要容易得多,确实如此。”

最后一点是,如果无论出于何种原因你不再持有某一追市头寸,在其后两天,趋势方向仍保持不变,那么你应当重新持有该头寸。不管此时的价格高于还是低于你退出市场时的价格,这都不会有什么实质性关系。

重新入市有许多种不同的策略。你可委托在市价为＄200时重新入市,并在价位高于你出市价格时止损(对于多头头寸)或价位低于你出市价格时止损(对于空头头寸)。或者,你也可运用短期进入策略,如收盘价对照4天对照9天的简单移动平均数,这也能有效地使你重新持有良好的追市头寸。

在重新入市时,不要忘记重新建立保护性止损指令,该指令的下达要根据你所采取的止损策略而定。

7. 知者不言，言者不知

本章的标题是华尔街上一句古老的、人人信奉的套语。30 年前当我在美林证券刚开始做会计主管时，我从一位有经验的股票交易者那里听到过这句话。从我知道这句话起，它就成了我专业策略的一个组成部分，因为在那种无关的口号和说法大量充斥的行业里，这句话表达了一个重要公理。

糟糕的是，并不是很多金融操作者运用这一策略。这一策略对交易者和经纪人的投机操作相当有帮助，尤其是在亚洲，因为那里人们往往大量依靠那些不可靠的小道消息、谣言、故事和闲聊之话题做出商品和股票交易分析。而我在任何时候都不重视那些无根据的小道消息，而是着重于有根据的技术分析。最近我的一段有趣经历正表现了我的这一做法。香港一家大的投资公司研究部主任给了我一些股票价格图表并征求我的意见。“你会买入还是卖出这只股票?”他问道，“您估计这只股票价格会有多大变动幅度?”我的回答简单而直截了当:“我不知道。”这位先生很顽固并坚持提出这一问题。我做出了同样的回答,但更加详细了:“我认为如果只依靠单一的价格图表,而没有进一步的信息或技术性研究,没有人能够给你一个可靠的答案。”然后我又继续告诉他如果我要试着分析这一图表所需要的更多的信息及研究。

“这真是太有趣了,”他说道,“你知道吗,我曾经把这同一份图表送给至少六位其他的经纪人和分析专家看,他们中每一个都给了我一个十分确定的或买入或卖出的回答,有的人甚至给出了买入卖出的价格目标。更有趣的是,他们的交易年数加总起来也不如您的交易年数多。”我所能说的只是:“这并不奇怪;这正是我所预料到的。”

大约70年前,杰西·利沃默有过一次类似的经历,他是这样的描述的:

一天晚上我参加一个晚宴,坐在一位男士身边。这位男士听说我在华尔街工作。在交谈中,他问我是否能告诉他怎样才能在股票交易中很快就赚到钱。我没有回答他的问题,而是问他从事何种职业,他说他是个外科医生。然后我问他是否可以告诉我怎样才能在外科手术中很快赚到钱。

我们一直被迫紧紧抓住这样一个主题,即市场新闻

(故事、闲聊和小道消息)与实际的市场行为之间的独特关系。我们看到过许多次这种情形。每当公司宣布一些具有看涨因素的消息,如增加红利、收益提高或者是一些收购行为等,人们便蜂拥而至买入股票。然后,过了几日相对有力的行情之后,股价又全面回落,那些听到看涨消息而最近期买入股票者承受着巨大损失。为什么会发生这种事情?这些消息难道不预示着行情看涨吗?也许答案在于下述事实:由于那些"内幕人士",即知道即将公布的通知内容的那些人在这一看涨消息为公众所知之前已大量买入该只股票,从而使股价已有了一个阶段的上涨。然后,当通知公开以后,公众涌入买股。那么你认为是哪些人为这种(无根据的)买入提供股票的呢?不是别人,正是那些在消息公开之前就已提前积累该只股票的内幕人士。

投资者在这种情形下如何保护自己呢?毕竟在市场变动之初,他也许并不相信这一消息。当然,如果在买入股票之前他能够不怕麻烦地看看市场行情,他将会发现在公告发出之前市价已上涨了一段时间。基于预期看涨消息的大幅价格上涨(至少内幕人士是这样预期的)为这些内幕人士提供了一个机会,他们把持有的大额多头股票在一个行情全面上涨的市场上抛出。毕竟把大额多头股票在疲软市场抛出不是什么乐趣。当然,IBM 股票买入者首先经历了这种情形，那是自1987～1993年这段漫长的时期，股价从175.00跌至40.00。无数次咨询服务和经纪公司推荐买入该股票，只不过是使股价毫不留情地继续下跌长达6年多。（见图7-1）

糖市场也表现了市场消息与市场行为之间的独特关系。善于思考的投资者都应对每一次市场变动之后的消息散布方式加以研究。在1985年中期一个很长的熊市段，糖价最终就处在2.50的水平上，这种股价下跌往往都有各种类型可以想见的看跌消息相伴。但当市场最终呈反向变动时，看跌的消息又被放回抽屉里，而各种看涨消息却突然而至，广为传播。1987年1月26日，在相当长的糖价上涨200点之后（相当于以＄600保证金为基础的每份合同升值＄2240），华尔街日报写道：

据报道，苏联是世界上精炼糖的大买主，这使糖期货价格的上涨得到延长……分析家称莫斯科已购入50万～70万公吨原糖……另一位分析家称苏联可能会更多地购入糖。可能有100万吨。分析家还称，据报道巴西利亚将取消1988年或1989年出口75万～150万吨原糖的合同，而古巴的收获和加工蔗糖的公司遇到了困难，这些也使糖价上浮。分析家还说，巴西利亚的酒精生产要消耗糖，糖的国内消费提高，而且有迹象表明干旱可能会使作物减产，从而使供给紧张。

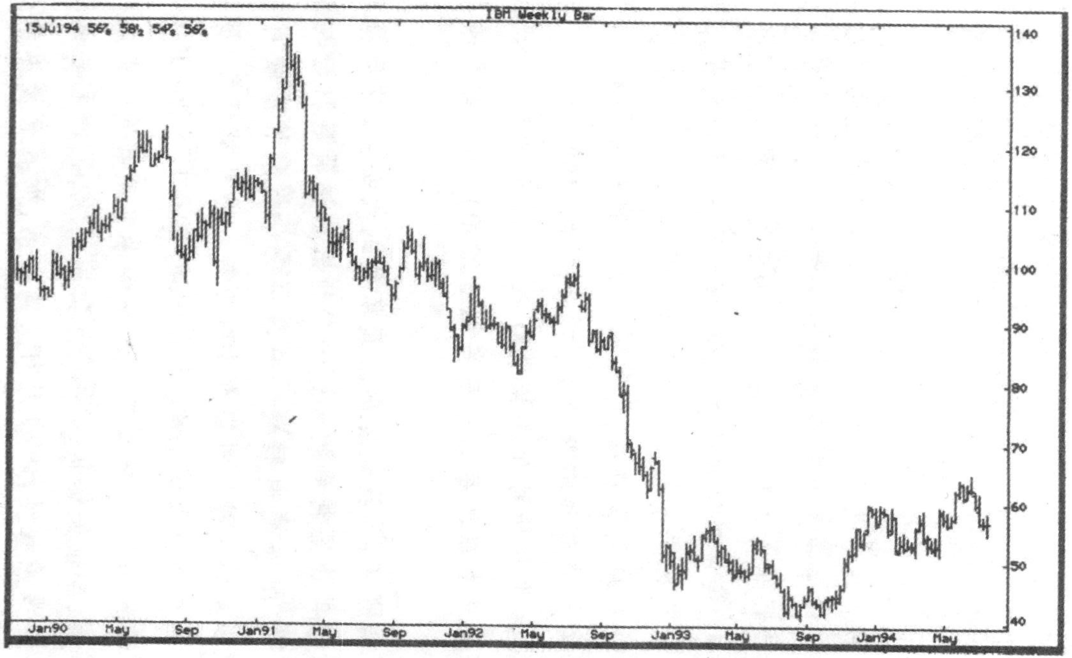

图7-1　IBM公司股票价格的长期图表

分析家们在市场行情上涨之后，看来是“得意洋洋地展示”着他们所能想起的每一条看涨消息。但你完全可以肯定，在股市的某一次大幅下跌之后，这些“消息”又会突然完全变成看跌的了。

人们一定会奇怪地想知道这些“知识渊博”的分析家们到底是谁，他们似乎在每一次行情变动的事实之后都能对市场行为加以解释，但他们似乎从来不能知道应提前做些什么。事实就是如此。应牢牢记在脑子里的最突出的两点是：a）市场价格波动，和 b）在每一次重要的价格变动之后，分析家和评论家们就开始为刚刚发生的市场变动提供完善的看似有理的解释。许多善于思考的观察者认为，所有这些所谓的消息、场内闲聊和谣言，看起来都像是一些职业或机构操作者随便编出来的，以便把尽可能多的轻信的交易者弄糊涂而去持有守不住的、反市场趋势的头寸。

应该有一种办法能够避免被这种不断重复出现的陷阱套住，这种方法确实存在。机敏的操作者会忽视各种谣言、闲聊之话以及各种常见的市场消息。他的注意力将始终集中在与每一市场相关的真实技术因素上，始终注意那些最适于他，也最适于其投资或交易类型的任何一种约束策略和风险控制技术。他不会忘记那句古老的华尔街名言：

知者不言，言者不知。

8. 为什么说不存在“坏”的市场

一位职业交易员写给我的一封信有很重要的作用，因为信中涉及本章的主题。

我们听到过许多抱怨的话，说在当期市场交易非常困难。当交易者们所使用的技术和计算机系统显示出趋势“反转”时，当然，大多数交易者很快会根据“新趋势”持有头寸，但这时市场又突然再次逆转，向相反方向变动。看起来坏行市是不断重复涌现的，而且其发生的频度在增加。交易者在这种情形下，该如何做呢？

这类情形许多交易者都曾经历过，他们变得很迷惑，很想知道如何对付这些“坏”市场。当一个投资者赚钱时，他会把这种成功归于技巧、超人的敏锐和聪明的时机选择。但一旦他遭受损失，他往往这样开脱：市场很可怕，波动过大而且变动频繁。投机者往往忽视或否认交易遭受损失的真实原因。

为什么我们不敢承认我们在市场趋势判断上、交易时机选择上、止损指令或市场对策上犯了错误呢。只有坦率地承认这些,才能真正发现我们是在哪些地方以及是如何犯了错误的,才能知道如何在以后避免这些错误。

期货市场的一个普遍的事实是,除了一些偶然的、不常见的较短时期外,整个市场及价格走势本身说不上是好还是坏,也说不上是正确还是错误,而是交易者本身的好与坏,或更具体地说,是交易者本身的正确与错误。这一普通评论也许可以适用于50个世纪以前商品交易刚开始的时候了。即便在那古老的年代里,那些赢家也很可能称市场为"好市场",而那些输家称之为"坏市场"。

事实上,在一个变动频繁而随机出现的趋势下,会有各种不曾料到的逆行,然后又是从一个逆行到另一个逆行,此时,坚持有约束的客观的策略比任何其他时候都显得更为重要了。我们都曾一次又一次地遭受价格波动上的损失,但重要的是不要被这类情形弄得灰心丧气或者不再果断行事了。

在1993年大部分时间里,尽管我尽最大可能地坚持"按规则"操作,但我还是在所持有的大量NIKKEI期货头寸上失败。在1993年4月至9月这段时间,我卖空了一笔3月NIKKEI期货,期望市价暴跌。我本该注意,但却忽视了当时的市场正被锁在一个横向市场上，价格波动被束缚在20000和21500的范围内。在我几次尝试想跟上趋势而失败后——现在回想一下，我当时未能跟上趋势并不奇怪，因为根本就没有任何趋势可以追随，或说得更准确一些，趋势是一个横向市场，我本该在横线上等待——不管怎样，到了10月中旬，我早已看厌了报表上到处可见的红字，于是为安全起见我选择在横线上持有NIKKI头寸，不参与交易，那时恰好就在整个市场最终暴跌之前不久，是1993年10月的最后一个星期，只是在一个很短阶段，从20000跌至16000，而我在横线上难以置信地看到了这一切（见图6－1）。

然而，在这些令人垂头丧气的困难时期，总是有许多头脑清晰而有约束力的操作者的账户升值很高，在大多数横向市场和趋势不明显时期没有小赢利。交易者不得不面对的众多心理问题之一，用正确或错误的术语来讲，是两种基本人性情感，即希望与害怕的潜在冲突。

a. 交易者A追随主（看涨）趋势买入大豆期货，具有较高的账面利润。但他在第一次反弹时就卖出了，他害怕如果继续持有多头头寸而市场逆行看跌，那样就会损失其利润。

b. 交易者B，另外，不顾主（看涨）趋势卖空大豆期货具有很小、但有可能增加的账面损失。他很可能持有具有账面损失的头寸，希望市场会逆转其主要看涨趋势（也许并不需要逆转，但至少在他以及像他一样的别人坚持空头时，市场行情开始看跌）。在他满怀希望的同时，市场继续其主要看涨趋势而他的损失继续增加。

我们都经历了希望和害怕这两种主要的情感，只是方向正好错了180度。持有具有账面利润的多头头寸的交易者A本应坚持自己的头寸，希望有利于他的行情变动会进一步在同一方向上变动、增加其利润。而另一方面，对于持有反趋势不盈利头寸的交易者B而言，他应害怕不利的行市会继续（也常常确是如此）而损失会继续增加（这也常常会发生）。

行市与天气有许多相似之处，该是怎样就是怎样，人们对此无能为力。或者，正如马克·吐温曾说过的："每个人都谈论天气，但没有人对此做些什么。"因此，如果天气看起来像要下雨，不管你喜欢与否，你都要穿上雨衣带上雨伞，因为天气就是那样的。相似地，如果市场趋势看跌，你就卖空或站在一边；如果趋势看涨，你就买入或站在一边——因为你根本无力改变市场的基本趋势方向。你或者追市，或者遭受试图逆市而做的各种损失。

有时也会出现下述情形。当市场趋势是下跌的时候，你持有多头头寸，但你设法最终赚了钱。或者，市场趋势看涨，你持有多头头寸，但最后你却遭受了损失。这些经历是否与一再提到的追市策略相矛盾呢？一点也不。每一规则都会有例外情形，那些交易例子，即逆势而做赚了钱,或追势却赔了钱,不过仅仅是例外情形下的一些事例而已。同样地,你可能见到过某个高尔夫球选手双手持棍方向错了却能把球轻轻打入洞里。难道这意味着这就是打高尔夫球的方法吗?根本不是这样的。这样做只不过成功了一次,但如果他在一段时期内试图仍用这种噱头打高尔夫球,其结果将毫无疑问将是另一种情形。

当交易结果变坏时,只不过是人会变得灰心丧气。尽管你的意图很好,而且你也尝试着用一种客观而有约束的方式来交易时,但大多数交易却遭受了损失。我们,包括我自己,都曾有过这种情形。我发现在这种时期,最好的策略是结清所有头寸,远离市场,直至你能使自己头脑清醒,并使你的态度更加确定。你可以肯定,当你再回到市场采取行动时,正是时机。我想起了迪克森·瓦特讲过的一个故事(迪克森是19世纪一位著名的老资格的棉花交易商),当一个声称其所持有的巨大头寸使他夜不能寐的交易商向瓦特求教时,他提出一条切中要害的建议:**“把头寸卖出到你能睡个安稳觉的水平。”**

到现在这也仍是条好建议。

9. 感觉与现实

一个人以严谨认真的态度从事任何一项金融投机，就必须了解什么是感觉，什么是现实。而最重要的是他要能够将二者客观地区分开来。

举例来说，每次你建立一个趋势跟进头寸之时，假定的前提是你追求的是一个巨大的价格变动。这么做需要有持仓的勇气，不去试图寻找短线交易机会。这就体现了感觉与现实的不同。你的感觉告诉你持有每一个趋势跟进的头寸，寻找有巨大价格变动的机会；而你的现实意识却告诉你大多数的交易注定不会有价格巨大变动的可能。可你事先并不知道哪笔交易会获得巨利，但知道有些交易将会获利，选择交易的策略只能是承受每一笔可能会有“大变动”的趋势跟进头寸，并用止损定单让自己从那些失败的交易中抽身而退。

我可以用下述例子来说明这样一个策略。

情形“A”发生在纽约国际贸易中心大厦。假设你和另外两人乘同一部电梯,你认出其中一人是一位资产管理方面权威的资金经理。你和他虽从未谋面,但却知道他传奇般的声誉:一位有魄力、通常正确的资金经理。

这位传奇式资金经理(Lengendary Money Manager, Lmm)正同他的同伴谈道:"查理,我想让你今天下午买入10万股XYZ公司的股票,目前交易价格约为40美元。"

查理(你猜测他是这位经理的一个交易员)回答说:"好的,老板。市场上有什么情况发生吗?您准备在这些股票中达到的目的是什么?"

这位LMM接着说:"看来可能出现一只技术性挤轧空头,我不指望价格会移动太多,所以如果你看价格上升(对方说)10点的话,就可以平仓收利。"

两人到达43层时结束了对话,直下电梯,你则继续上到办公室所在的第46层。

你进到办公室后坐下来考虑了一下这种情况。你仔细想过这个"秘密消息"之后要作出估计:这场对话是真实的,还是他们演出此幕来诱自己入市。结论是:这场对话是真实的。因此你给自己的股票经纪人打电话询问:"彼特,XYZ公司的情况如何?"

经纪人回答说:"你问得真奇怪,有些大买家入市,这只股票交易量巨大,价格从39 $\frac{1}{2}$ 攀至41,没人知道为什么。”

你说:“很有意思。彼特,请替我以市价买入500股。吃满后给我回话。”

几分钟后,你的经纪人回电话给你,确认你已买入500股XYZ公司股票,其中300股按41 ¼买入,其余200股按41 ½买入。目前股市买方报价41 ½,卖方报价42。

接下来你便开始追踪这只股票的行情。当天收盘价是44,交易量依旧巨大。第二天股市开盘即有一笔大宗买卖按开盘价45 ¼易,接下来几天这只股票持续坚挺。但在周五,该股看来势头已尽,开盘价又创新高,为52,但收盘时跌至49,是本周内第一天出现开高收低的情况。

周一,该股开盘价有一下降缺口,价格为48 ¼。

亲爱的读者:让我们暂且离题,讨论一下对策。如果你是这个故事中的投资者,坐仓500股,你将如何处理?

简述一下该情形:你因偶然听到一则在一位传奇式资金经理和他的交易员间的对话,决定买下XYZ公司的股票。这位LMM说他仅追求10点的利润。实际上你能很轻易地估计到这位交易员正拿着预期的10点利润退出市场。如果你继续持仓,将很容易发现这只股票的价格重又回到开始上升之前的42美元/股。于是你会疑惑为什么自己没有卖出股票,抓住这易得之利呢?

好啦,如果是你,你会怎么做?

我不知道“你”会做些什么,但如果是我,我会按市价抛出这500股股票,给这次交易画上句号!这只股票已经达到了我的预期目标,可以离开这趟“列车”,寻找另一次搭车的机会了。

情形“A”结束。

亲爱的读者,现在我必须承认,这不是真实的事情——而仅仅是个故事。真实的故事是下面你看到的内容,它更加有趣。

故事以同样的方式开始。资金经理和他的交易员与你同乘一部电梯,你偶然听见了一则对话,尽管内容不完全一样。

这位LMM对他的交易员说:“查理,我想让你今天下午买下10万股XYZ公司的股票,目前的交易价格约为40美元。”

查理回答说:“好的,老板。现在市场上有什么情况发生吗?你准备在这些股票中达到的目的是什么?”

亲爱的读者,你可以看出直到这儿,两次的对话完全一样,但从这儿开始出现了不同。

这位LMM又说:“我想卖方出价有一个大的变动。我期望到今年年底股票价格会翻倍。在你以40美元的价格买入第一笔10万股之后，如果价位达到55美元，再另外购入5万股。”

在电梯到达第43层时，这两人结束了对话走下电梯，你则继续上到办公室所在的第46层。

现在我们来回顾一个全过程。前半部分故事情形是一样的：你估计这场偶然听来的对话是否真实，并假设它是真实的。接着你打电话给你的股票经纪人并让他替你买入500股该种股票。从这儿开始，除了你将如何处理这批股票的部分与前面有所不同，其他部分仍旧一样。那么，你将如何行动？

糟糕的是我们之间没有某种相互联系的电视装置，所以我听不到你的回答。就请允许我对你讲讲我会如何做吧。

我将持有股票。甚至股价发生微小回落，降至$48\frac{1}{2}$美元1股时，也不考虑卖出平仓。实际上，我会打算在价格从当前交易高位上回落（比如说50%至60%）时，大量买进股票。

这样，你了解我会怎样做了。两个例子中实际的市场行为是一样的。但在情形“A”中，你（我）将在价格降到$48\frac{1}{2}$时抛售500股股票；在情形“B”中，你（我）则持有股票，而且可能在价格每降一定幅度之时买入更多的股票。

亲爱的读者,你一定要问,为什么我要讲这两个故事,我们在情形“A”,和情形“B”中采取的行动,其重大差别何在?这些又和投资策略有何关系?以及最后这里有没有经验教训可供借鉴?

我们先来回答最后一个问题:这里每件事都与投资策略有关,如果你能很好地学习这些经验教训,并坚持将之用于实践,那么你的投机成果将会大幅度改善。

这两个剧情的重大差别在于,与感觉的联系较之与现实的联系更多些。两个情节的基本事实是一样的:你偶然听到一则对话,一位资金经理告诉他的交易员去买入某种特定的股票10万股。两个情节的差别在于:第一个例子中,你预期的是一个小的、短期的运动,并根据感觉迅速地抛售这些股票。在第二例子中你根据偶然听见的谈话内容预期股票将会经历一个相当可观上涨过程,价格可能翻倍。你相应的战略决策是不管价格的回落,持有头寸,并在价格进一步的下降中买入更多的股票。这个策略得出的依据完全是你对价格运动方向的长期趋势所作的预测,这是一种感性认识。

两个情节中你最初买入500股股票的行为是一样的,但以下的行为完全不同,依据仅仅是你的预期(感觉),认为股票将有一个主流趋势,而不只是短期的强势。

现在回头谈谈现实性。现实性的重要意义在于，每次你按大势方向持有市场头寸（基本方法是持有趋势跟进头寸），你假设的前提是市场有大的盈利潜力，你则应当如同情形“B”中所做的一样，采取相应的对策。在你跑来告诉我之前，我已经承认了这一点：大多数市场事实上注定不会有重大价格变动。但谁又能在事先预知哪个市场有大的盈利潜力，哪个市场没有大的盈利潜力呢（记住，我们的讨论严格限定在有主流趋势的市场中）？

金融市场年鉴中有大量这种市场实时例子：它们开始时极不引人注目，但后来却发展成为大规模的价格巨变市场。许多开始的入市者，他们在价格刚刚开始发生变动之时就进入了市场，却在第一次获利机会出现之时退出了市场，只能眼看着市场继续进行着非常可观的移动而无法再次进入。

在讨论这个问题时，有一个恰当的例子是关于1993年和1994年的棉花市场。棉花期货的价格水平从1993年10月的60.00左右开始上涨，我持有相当规模的长头寸。价格在约70.00水平时形成很长时期的阻力位，我售出了一半头寸收回利润，打算长期持有另一半头寸。尽管打算得很好，但由于市场上的一些事情使我分心，我抛售了余下的头寸，仍按约70.00的价位交易（见图9-1）。市场并没有因我的平仓受影响，价格从我身边呼啸而上，达到了80.00的水平。而我眼睁睁看着价格飞涨，却在市场中没有一点头寸可用。

我在期货交易中的一些最大利润来自铜和小麦，在这些商品中我持有头寸达8~10个月之久。我从这些可用趋势跟进头寸进行的交易中赚得的每一项盈利都大大超过100万美元。但最长的持有期（我很想收到那些连续持有更长期限头寸的读者的来信）是在70年代持有国际上糖的期货合约。我从1969年开始持有该项长头寸，当时价格约为2.00，持有期（一直朝前滚动头寸，有时退出市场，但又重新进入）达5年之久，于1974年以约60.00的价格清仓。

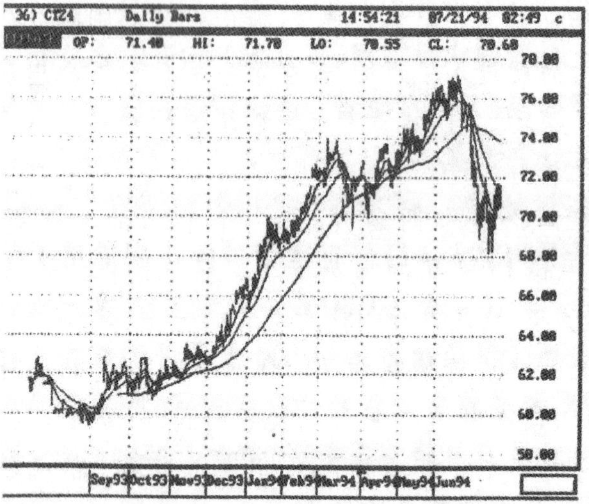

图9-1　1994年5月份每日棉花价格图

杰西·利沃默讲过一个有关著名老投机者帕特吉先生的故事,他是一位长期股票投机商。有时候其他交易商会告诉他一些秘密消息,并向他请教他们应该怎样应付这些情况。帕特吉总是专心地听完,最后说:**“你知道,这是个牛市”。或“你知道,这是个熊市”**。就好像他在给予他们珍贵的智者缄言一样。一次一位会员交易商找到帕特吉,并告诉他,他听说 Climax Motors 股票的价格将下降,准备售出这支股票的头寸,日后以更低的价格买回。他建议帕特吉也采取同样的行动。老帕特吉极忧郁地说:“我的孩子,如果我卖掉股票,我就丢了我的地位(position),那我又会在哪儿呢?”

帕特吉目前持有 500 股该种股票,带有 7 点的利润,假定总计利润为 3500 美元。传消息的交易商感到尴尬,他说:“你相信吗?他买了 500 股,每股现有 7 美元的利润,我告诉他卖掉后可在价格下降时再买入,他却告诉我他不能这么做,这会使他丢了工作。”

“请原谅,哈伍德先生”,帕特吉回答,“我没有说我会丢掉工作,而是说会丢掉地位——我在 Climax Motors 公司的股票头寸,我不想那么做。”

利沃默接着说,帕特吉先生的意思是在牛市中,他不想冒风险,在卖掉股票后无法再买回。利沃默又指出,对一个采取趋势跟进头寸的长线持仓投机者来说,不应当试图以进出市场的办法赚取小额趋势逆行利润——因为最终市场将可能抛弃你,让你只坐在市场边缘而无法进入。利沃默最后的劝告是对所有交易商很有用的警醒:我知道,如果我试图通过趋势逆行来交易我的头寸,我可能会失去我的地位,也可能避免由于巨大的变动而导致的巨额损失。为你赚取巨额利润的是巨大的波动。

10. 风险控制和约束：成功的关键

在丛林中，所有的生命，无论大小，第一位的要求都是生存。这对金融投机商们也同样适用，只不过生存对我们而言意味着“风险控制”和“制约”而已。追逐利润固然重要，但即使是这一基本推动力如果与风险控制和约束这一对必要条件相比较，它也要退居其次。

苏格兰人有句老话：**“把便士放在心上，英镑就会照看好自己。”**推及金融投机可以说成：**“把损失放在心上，利润就会照看好自己。”**

有许多好书细述了我们这个时代权威的资产组合投资商的投资策略的技巧。许多天才的女士和先生，他们有着多种多样令人炫目的账本，他们的投资业绩使他们在各种投资领域成为倍受赞誉的专家。研究这些账本，人们会为这些“资金管理人”和“市场奇才”专业知识的多样化所震动：股票投机、长期价值投资、短期投机、期权策略、货币或债券交易等。实际上几乎每位专家进行其个人操作时,与其他人都非常不一样,很难在他们的专业行为中发现一丝共同之处,但除了一个例外。

这些交易商中的每一位都承认:**风险控制和约束当然是他们全部成功要素中两项最为重要的内容。**这也是唯一一个他们全部认同的因素。

显然对每一位阅读此书的投资者而言,无论他或她效力于何种领域的投资,持续并成功地进行投机的最重要战术是控制损失,也叫作风险控制和"按原则交易"的约束。如果你能控制住损失,让盈利增加(这不容易达到),你就能成为永久的赢家。

我们寻求的是一个系统的、客观的风险控制和制约的方法,它将包括下述三方面内容:

(1)限制每一交易头寸的风险

一种方法是确立每一市场的最大损失限额,比如说资本金的1%到3%,精确的数目则取决于账户规模的大小。对小额账户来说,将损失限制在资本金的1%可能不具有实际可操作性。因为止损限度太紧的话,由于市场价格受各种因素左右上下频繁波动,可能使你遭受一连串损失。确定限额的技术没有什么神奇的地方,它仅仅是帮助强化约束力,用一种客观而系统的方式来控制损失。

另一种方法是让每笔头寸的风险与各自交易的最小保证金数额相等,将风险限制在这些保证金的一定比例内。让可承受的风险与保证金的一定比例相等是一种合理策略,尤其对期货交易来说更是这样。期货交易的保证金是按每次交易来确定的,一般与各市场的变异性相关联,并间接地与各市场的风险/利润潜力相联系。例如,芝加哥期货交易所(世界主要的谷物期货交易所),5000 蒲式耳的大米期货合约保证金要求是 675 美元,而 5000 蒲式耳大豆期货合约保证金要求是 1650 美元,这是因为大豆市场是一个更具变异性和野心的市场。如果你风险额限制在保证金的 60%,那么你在大豆合约上冒 20.50 分的风险,只能在稻米上冒 8.25 分的风险,这是因为你在大豆市场上的盈利潜力高于稻米市场。

股票交易商可以依据投资价值来限定投机交易风险,但精确的数字要依据股票的变异性来确定。对于更易变动的股票需要松一些的止损限度,限额可以定在投资额的 15% 至 20%。这样一笔 30.00 美元的股票交易,止损出场损失限额在 4.50 美元至 6.00 美元。

交易商不应将超出资本金 1/3 以上的资金用于投机交易账户,做持有头寸的保证金。而应当留有 2/3 作为储备,持有生息,充当缓冲层。如果账户中的资产下降，应当寻找机会缩减头寸，以便维持书中建议的1/3比率。

(2)避免过度交易

这项劝告不仅适用于过度交易行为(如挤油交易)，也适用于相对于账户资本金而言过大的交易头寸。如果你过度交易，过度注重短线投机，或在股市第一次出现反向摆动时就让你追交保证金，你不可能成功地进行交易。

(3)截断你的损失

任何时候你建立一个投机交易头寸之时，都应当清楚地知道哪儿是你的退出点(止损点)，在哪儿你应当给你的经纪人下达止损定单。有经验的交易商，他们坐在联网的监视器前，心里都有一个约束点，在看到价格达到平安退出点时立即平仓。他们或许并不想真的给场内下达止损指令，尤其当他们持有大量头寸时。因为这可能会是一块磁铁，吸引场内交易商的注意去撞击这一止损价格。这儿的关键在于约束，不下达止损定单不应被用作过度滞留于市场的借口，也不应当被用作耽误在止损点清盘的借口。

如果建立的头寸从一开始就逆你所愿运动，下达正确的止损定单，可以使你在合理的损失范围内退出市场。但如果市场开始朝有利于你的方向运动，给你的账户带来了账面利润，你又该如何对待止损保护呢？你自然想采取某种策略来推进止损价格,在市场发生逆行的情况下,不至于将账面上可观的利润转化成为大额损失。这里的格言就是:“不要让可观利润变成损失。”但究竟如何动作呢?建议的一项策略是:在每周五收盘后推进你的止损价格(如果是买空,则提高止损价格;果是卖空,则降低止损价格),数额大小相当于本周价格有利移动量大小的50%。例如,如果你是卖空黄金,黄金市场一周内下降了10.00美元,那么你应当在周五收盘后降低你的买入止损价格5.00美元。但如果市场在某一周里违你所愿运动的话,应当保留原有的止损价格战术。最终,市场总会逆转而将你截出。如果你已经受益于一次有利的价格运动,你将能够把止损价格推进到一个无损的止损点,并最终进入一个盈利的地位。

11. 长线与短线

常有人问我，长线和短线交易相比，哪种更有利可图，显然各种方法都会有赞成和反对两方面的意见。我的回答是：你应当运用任何一种为你工作最有效的方法来交易。

我在自己的交易中一直坚持一种双重策略，即在盈利的头寸上我是一个长线交易商，在相反的头寸上我是一个短线的交易商。如果市场朝有利方向移动（你所持有的头寸与当前趋势一致），你的交易头寸是有利的，可以尽量长时期地持有头寸。不要试图只在天价和地价才进行交易，因为这样做，整个交易不具有连续性。但如果你认定你的头寸与当前趋势相逆，损失在增加的话，就该及早退出市场。

有利的头寸应持有多久？能多久就多久。在小麦和铜的交易中我赚取了最大利润，持有头寸约9个月。我曾经持有糖的多头寸达5年之久（见图11-1）。当然，在每次合约期满之前，我必须滚动多头地位，有时候在市场发生极度逆行回落时止损出场，但总是尽快地返回。

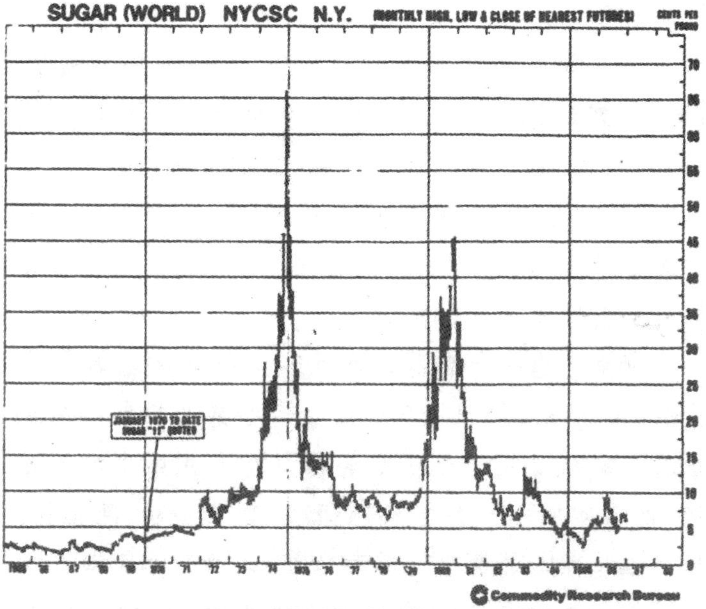

图 11－1　长期原糖价格连续图

世界原糖　纽约 NYCSC　　1970 年 1 月原糖转市形成

耐心有时是非常重要的。我在 1967 年至 1968 年 2.00 分/英磅水平上积累了不少原糖多头，其后价格降低到 1.33，我在这一价位抛出了手上 1/3 的合约；并将其余的合约一直保持了两年，价格开始回升，这一次回升一直持续了五年，1974 年最高价曾一度比我的人市价高 60 点。

市场如果看来比以前更难赚取丰厚的长期利润的

话，那么这一缺陷与市场的关系少，而与运作者本身关系大得多。从事证券和商品交易的大多数技术交易商们越来越重视短线交易和微观定位交易，主要原因有以下两方面：

a. 巨额投机资金被抛入市场，同时市场又缺少足够的深度和机构参与者来吸收注入的巨额指令，从而使市场价格变动表现出更大的易变性和随机性。

b. 强大微型计算机和软件程序被广泛使用使短期交易顺利进行，这使许多技术操作者认为，这是交易场所和较优交易途经的新潮。

的确这是一个使用计算机来一点一点绘制图表的时代，它与当前行市联网，在每一交易节的每一时刻及时进行数据修订。任何交易商只需付出适当的月度费用，就可以得到一份 5 分钟（或不到 5 分钟）的条形图，图中插入有你想要的任何技术指标，通过交易商的彩色监视器迅速连续地闪现，或是用硬盘复制下来。试想一下，仅仅依据一个在交易节的单独的 30 分钟片断中形成的“三顶”形态来进行交易就可以了。

最近我得到一个这种微观分析的生动事例。一个交易商打电话给我说，他在恒生期货行情中认出一个“头肩”顶形态，问我是如何看待的。我只能回答：“你所说的是什么样的头肩顶形态?”“你所说的是个什么样的市场?”实际上，我一直在观察他所指的那个市场，该市场牢固树立着坚挺和活跃的上升趋势。我在其中做了多头,没有发现任何与顶形形态点滴相似的迹象。在我的进一步询问下,这位先生承认他所说的顶形形态只在那天上午的短时间内出现过。我提醒他,他观察到的是持续强劲牛市中出现的极微小的价格并合,我对他所分析的内容没什么印象。我建议他找个合适的点买入,而不是卖出。市场的变动方向显然和我的估计一致,到闭市时,我们又记录一个新的高位。这位交易商所说的三顶形态已被隔断,就好像从来未存在过一样,而它的确不曾存在(见图11-2)。

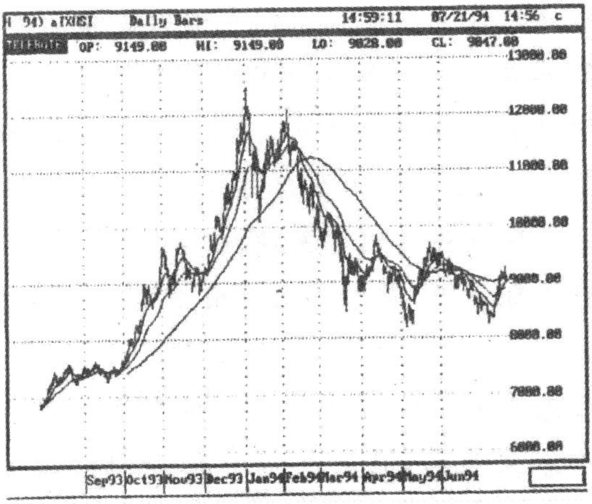

图11-2　1994年3月份每日恒生期货价格图

这位交易商使用的微观定位方法进行的短线投机,与长期头寸交易的方法恰好相反。长期头寸交易为持续的获利及限制风险提供了最佳机会。坚持着重于长期趋势的交易策略可以避免受隔天市场“噪声”的影响而分心,确保对市场趋势有良好的调整。那位坐在5分钟或3分钟的点图前的交易商又如何能够对市场有个平衡的洞悉呢?对他来说,3小时或4小时就是长期了。

在我所进入的大多数市场中,我发现重阅长期图表非常有用。长期图表是指周甚至月度的条图(见图11－3)。对长期趋势的观察使我对市场活动有了一个更平衡全面的了解。有时我也疑惑,相对于那些跟从短期的5分钟或10分钟,甚至是点图的人而言,到底会有多少人看这种长期图表和指标呢?我看不会太多的。

在交易策略中融入短期和长期技术。

对于进取型和有经验的交易商来说,这种交易方法很有意思,它将短期和长期指标包含在一个可行的交易方法之中。但我在开始时要强调一点:这项技术不是对所有交易者都适用,尤其是不适用于初入市者和经验不足的人。

第一步是鉴别每一市场的主流趋势,对这一问题可以说有多少交易商,就会有多少种不同的趋势鉴别技术。实际上许多操作者仅仅通过对图形的主观观察来确认主流趋势的方向。这对于富有经验、训练有素的操作者来说很有效、很准确,但对大多数观察者而言,这种方法太过主观和自行其是。大多数交易者都带来某

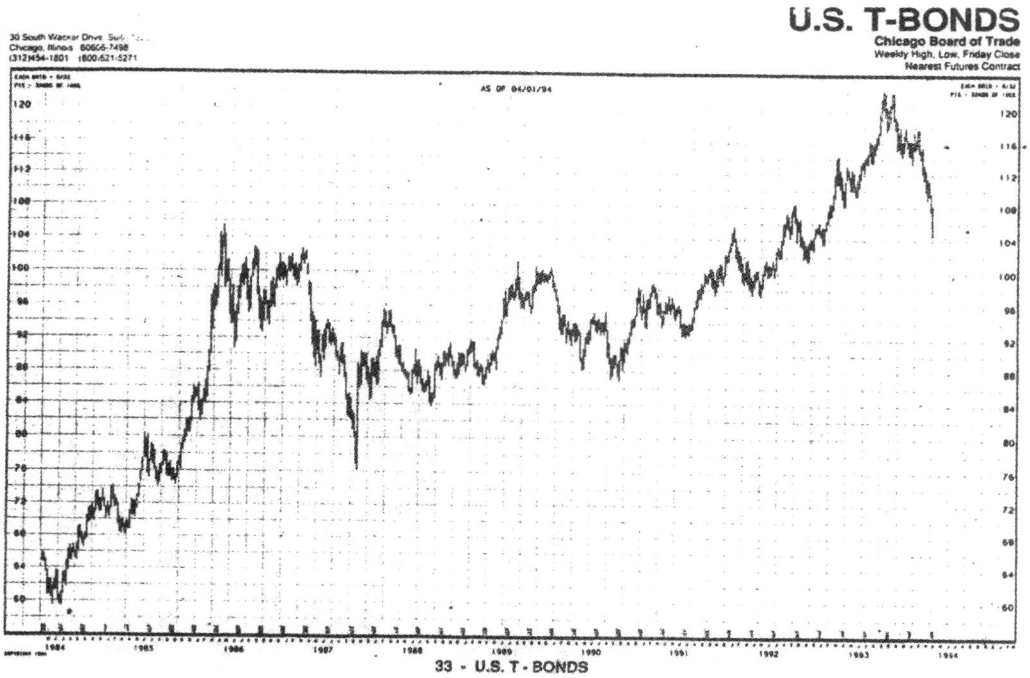

图11-3 美国债券长期价格图

种程度的市场偏好。比如,我就承认自己偏好买空大豆期货,如果给我一种中性的趋势分析结果,我会更倾向于买而不是卖。本文中我们要寻找的是一种中性的、无偏好的、客观趋势分析方法。

在开始这项讨论之前,我应当指出书中列出的准确的移动平均数据不是我个人专用的。列出它们仅仅为了说明需要,它们接近或代表了许多成功的交易商所使用的移动平均数据。每一位交易商都必须对他自己的技术方法进行测试,演生出相应的最适用于他的交易目标和交易风格的指标及公式。一些交易商采用一种简单直接的长期趋势鉴别方法,即将50天的简单移动平均与每日收盘价条形图对比。这种方法的使用如下:

(1)显上升趋势的条件:

①收盘价高于移动平均线;

②移动平均线向上倾斜。

(2)显下降趋势的条件:

①收盘价低于移动平均线;

②移动平均线向下倾斜。

趋势鉴别的方法多种多样,有一些极为复杂。但上述方法极为简单,效果却比其他复杂方法更好。这一方法的另一优点在于它是客观而完全没有偏好的。作为一种数学方法,它简单明了。但横向市场显现出无方向的移动平均线,它与价格线近似相等。这种市场被认为是横向的(价格水平运动市场),应当避免使用上述方法。

我们现在有了一种客观的数学鉴别趋势的方法,可以用于把下列原则公式化:

在上升趋势中,只持有多头头寸,或不入市。不持有空头头寸。

在下降趋势中,只持有空头头寸,或不入市。不持有多头头寸。

下一步是将进入和退出的原则公式化,这项讨论将用到下列原则:

我们将用收盘价与三个简单移动平均作比较,**进行长期分析:10 天,20 天,50 天。**

买入:当收盘价>10 天>20 天>50 天;

卖出:当收盘价<10 天<20 天<50 天。

注:符号“>”表示“大于”。

符号“<”表示“小于”。

进行短期分析,我们将用收盘价与三个简单称动平均作比较:4 天,9 天,18 天。

买入:当收盘价>4 天>9 天>18 天;

卖出:当收盘价<4 天<9 天<18 天。

现在,将整个策略作个统一:

a. 在上升趋势中(使用 50 天简单移动平均)

在长期信号如下时买入:收盘价 > 10 天 > 20 天 >

50 天。

止损退出(只清盘,不要卖空)使用的短期信号是:收盘价<4 天<9 天<18 天。

如果你止损退出后,趋势继续显上升状态(依据 50 天简单移动平均),则重新进入多头地位的短期买入信号是:收盘价>4 天>9 天>18 天。

b. 在下降趋势中(使用 50 天简单移动平均)

在长期信号如下时卖出:收盘价<10 天<20 天<50 天。

止损退出(只清盘,不要买空)使用的短期信号是:收盘价>4 天>9 天>18 天。

如果你止损退出后,趋势继续显下降状态(依据 50 天简单移动平均),则重新进入空头地位的短期卖出信号是:收盘价<4 天<9 天<18 天。

简要回顾上述内容:

a. 使用 50 天简单移动平均与收盘价格对比的方法鉴别基本的长期趋势。

b. 如果趋势显上升,则做多头或不入市;不要持有空头头寸。

c. 如果趋势显下降,则做空头或不入市;不要持有多头头寸。

d. 如果你的基本多头头寸被止损平仓,可使用短期策略,但不要卖空。如果 50 天简单移动平均仍旧呈升势，按短期策略中的买入信号重新进入多头地位（参见上述内容）。

e. 如果你的基本空头头寸被止损补仓，可使用短期策略，但不要买空。如果 50 天简单移动平均仍旧呈跌势，按短期策略中的卖出信号重新进入空头地位（参见上述内容）。

12. 涨势买入，跌势卖出

近期的记忆中，这十年的前五年经历了一些最严峻、最受挫的金融市场。好的交易策略应当是使你既能在上升的市场中获利，也能在下降的市场中获利。但在许多重大的事件中，我们历经的市场几乎同时表现为既向上移动又向下移动。许多稳固的上升趋势为猛烈的价格回落所隔断，这些价格的滑坡通过截出投机性多头头寸将上升趋势迅速隔断。市场在清理了这些止损定单后又重新恢复其此行路线。相反许多熊市趋势却经历了同样猛烈的价格高涨。这些价格高涨通过清除投机的保护性买入止损定单，将软弱的持有者敲出其有利空头地位，而后重又恢复熊势市场。

逆行市场的摆动具有反复无常、非常剧烈的特性，这使保证金部门比从前更受到人们的频频注意。当你接到曾经熟悉的追缴保证金的通知时，你该怎样应付？多年以来，我曾经无数次地与股票和期货交易中的交易商谈到如何应付追缴保证金的策略。一般来说,大多数投资者对待追缴保证金的态度是矛盾的,不统一的。这方面他们需要指导以便做出可行的、策略性的反应。

催缴保证金通知有两种:新业务催缴通知和维持催缴通知。交易所条例一般要求新业务催缴通知与新资金的存入相对应,而不需通过清盘达到保证金要求。维持催缴通知则既可以与新资金的存入相对应,也可以减少头寸来达到保证金要求。

维持催缴通知是保证金催缴的最普遍形式,遗憾的是大多数投资者在碰到追交保证金的要求时会不可避免地做出错误决策。在这里达到保证金要求的选择有两种:投入新的资金,或减少头寸。如果采用缩减头寸的办法,那么选择哪种或哪几种头寸进行清盘以达到催缴要求呢?多数情况下,我不赞成存入新的资金来达到维持催缴保证金的要求。催缴本身就是一个明显的信号,表示该客户营运不佳,或至少一部分头寸业绩不佳,毫无道理要用新钱去保卫一个无利的头寸。我认为恰当的策略是通过清理一部分头寸来减少保证金要求和降低风险程度。但通过清盘以降低风险,岂不是降低了你的盈利潜力和重新获得有利立足点的能力吗?缩减头寸,但维持地位,以便提高获利潜力,这听起来尽管是一个有前提的目标,但仍不失有价值。如何能够达到这一目标?你可以运用一种为成功的专业交易商所了解的简单且基础的策略来实现这一目标。不幸的是,大多数公众投资者对此却毫不知晓。对那些按市场定价表现为最大账面损失的头寸进行清盘,尤其是在这些头寸与当前趋势方向相反的情况下,这无疑可以通过结束有最大损失的地位达到减小你的风险程度的目的。而又可以通过维持那些与当前市场主流趋势相一致的最有利头寸,甚至增加这些头寸(步步累进式手法),维持了自己的获利潜力。余下部分由于保留了趋势跟进头寸,舍弃了逆趋势头寸而显然有利于最终的投资成功。

遗憾的是多数投资者选择了结束其有利头寸、持有损失头寸的策略。我们多次听到这样的言论:"我无力承担这项损失。"这种态度可能造成的结果是:在最终清盘时,损失将比这局交易开始时更大。这种结束有利头寸而维持损失头寸的策略代价昂贵,是不成功的交易商常采取的典型策略。成功的交易商所采用的一个技巧是结束损失头寸,保留甚至增加盈利头寸。尽管获取利润比承担损失更让人满足,可我们不是为自我满足而交易,我们是为赢得有限风险下的最大利润而交易。从这个意义上讲,你应当更多地考虑有利于整体盈利的运作方式,而不是试图证明你自己是正确的,而市场是错误的。另一个专业运作者使用的推论是在任一既定市场或两个相关市场上,你应当在最强势态买入,而在最弱势态卖出。它是通过一种结构性方式比你所下赌注进行保值。因为如果市场上升,你的长腿将比你的短腿上升更快;而如果市场下降,你的短腿却会下降得更快,更多。在某些市场上,如期货市场,你还可能得到随之而来的奖励,即一手买进一手卖出(价差)交易,所需的保证金要求较少的好处。

举例说明:芝加哥棉花市场从 1983 年底至 1987 年初行情普遍下跌。小麦市场却相反,行市普遍上涨,这给技术性交易商或体系交易商提供了一连串高度可信、直截了当的信号。比如说,1986 年 6 月你在棉花市场上得到一个卖出信号,并进入空头地位。每 5000 蒲式耳棉花的合约所需保证金是 400 美元。接着,你又在同年 10 月在小麦市场上得到一个买入信号,并买入一份合约。每份小麦合约保证金为 750 美元。这样加起来的棉花空头和小麦多头共计保证金 1150 美元。如果你不需要付出 1150 美元保证金,你会感到奇怪吗?你甚至不需要存入 750 美元(这二条腿中较高者),而仅付给这整个双向头寸的保证金总额为 500 美元。如果我不同意按这么少的保证金进行交易,宁愿按最高方(小麦)的要求放入至少 750 美元,这个数字仍具有非常之高的配合性(见图 12-1、图 12-2、图 12-3)。了解这一头寸如何计算,并心算由于极高配合性带来的高额利润。这项利润是利用该期内棉花和小麦对比的差价赚来的。

你不必非要成为天才才能赚得这项利润，你只需要寻找机会，在强势买入弱势卖出即可。

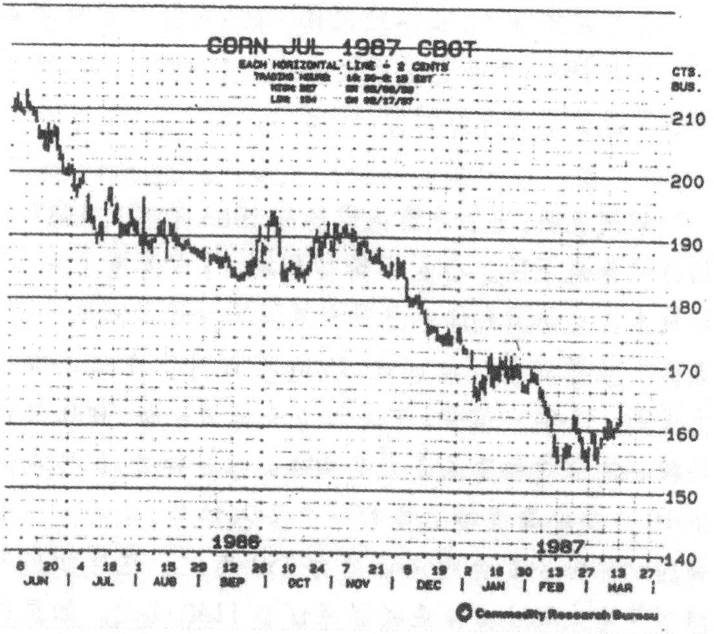

图 12－1　1987 年 7 月芝加哥商品交易所玉米价格图

每条横线为 2 分线
交易时间　　10:30~2:15
最高价　　　1986 年 5 月 9 日　227 分/蒲式耳
最低价　　　1987 年 2 月 17 日　154 分/蒲式耳

关于强势买入、弱势卖出策略的另一方面内容是关于一种倾向，许多期货牛市经历过一种称之为价格逆转

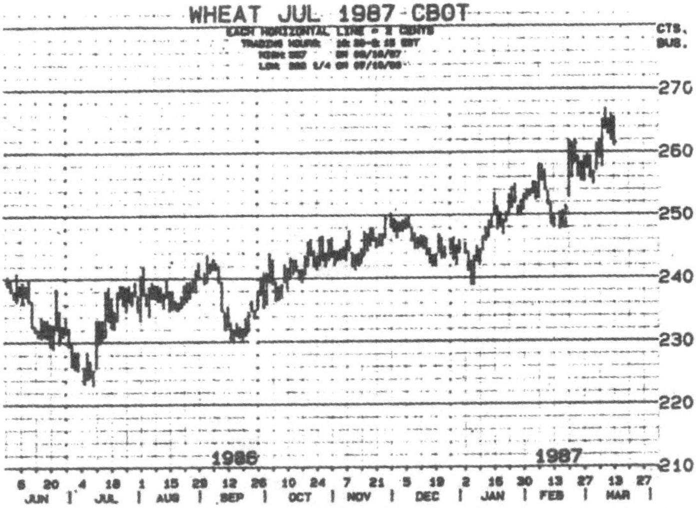

图 12－2　1987 年 7 月小麦和 1987 年 7 月玉米价格图

很多专业的交易人员买入坚挺的商品(小麦)抛出疲软的商品(玉米),这样风险小,获利大并且可以少付保证金。每年都会出现这样的机会,经纪人应该注意抓住这种机会。至于何时入市,你可以参考任何你认为可靠的技术分析方法或交易系统,并且时时注意价差的变化。

1987 年 7 月芝加哥商品交易所小麦

每条横线为 2 分钱

交易时间 10:30~2:15

最高价　1987 年 3 月 10 日　267 分/蒲式耳。

最低价　1986 年 7 月 10 日　$223\frac{1}{4}$分/蒲式耳

的现象,又称作逆行市场。**在这个市场上**,近期合约相

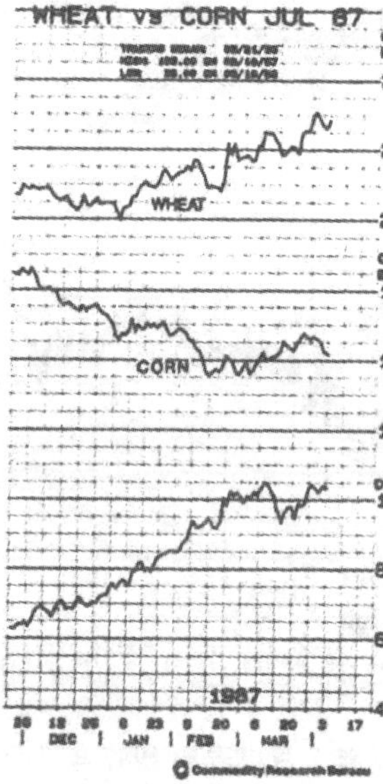

图 12-3　1987 年 7 月小麦和玉米的套利曲线

除了运用时间套利(看涨时买,看跌时卖)之外,也可运用商品套利曲线。这种曲线可用于不同交易所上同种商品交易及同一交易所中两个相关商品的套利交易。你可以根据价差入市和调整部位。假设你在小麦高于玉米 70 分时买入小麦卖出玉米合约,而且价差增加至 100(此时你获得 30 分的利润)。如果你希望若价差缩小到 90 时需平仓,你应向市场下这样的指令:买(若干)玉米并且卖(若干)小麦在价差为 90 时止蚀,小麦升水。这样就可以保证 20 分的利润并且可以减少手续费和进一步的损失。

1987 年 7 月小麦和玉米套利

交易开始时间	1986 年 5 月 21 日	
最高	1987 年 3 月 10 日	105.00 分/蒲式耳
最低	1986 年 5 月 19 日	25.00 分/蒲式耳

○商品研究局

对于远期同种合约商品期货的价格要高。并最终以一个较远期市场升水的价格卖出。这要归因于现货(近期)供给的吃紧或是一个预感到的吃紧。交易者应当仔细观察这些差价的不同之处,因为近期和远期(按收盘价)市场之间正常关系的逆转,可以帮助你确认这是个牛市。实际上在这种价格逆转情况下,我通常要给任何一个多头头寸增加25%至50%的头寸。

有关差价(尤其是货币和期货市场)的另一方面内容是关于这样一种倾向,一些交易商用一手买入、一卖出的方式来避免承担损失。例如,你做多头的5月银的期货合约遭到巨大损失,原因是市场价格下跌。一些交易商不是去卖出5月银的合约,承担这一损失,而是卖出7月银的合约,实际上是在该点锁住损失。这不是个好主意。因为这一方法没有阻止损失,仅仅是推迟损失实现的时间而已。在松开这一差价策略的一条腿之后,你仍需应付损失的头寸。更恰当的策略是承担损失,结束最初的头寸。在交易指标揭示给你一个客观的进入信号后重新建立多头或空头头寸。

总之,如何称呼这一基本的交易策略并不重要:持有有利头寸,结束损失头寸;或强势买入,弱势卖出。重要的是你必须清楚地了解这一策略,鉴别出强势和弱势,并以一种连续的训练有素的方式运用这一策略。

13. 拉里·海特:亿元资金的经理人

这是1992年的仲夏。我驱车穿越纽约的林肯隧道,它联结着纽约城和新泽西,从哈得逊河底穿过。我开车去新泽西本身没有什么令人奇怪之处,但我于一日当中的市场时间开车出去却令人费解。了解我的人都知道,让我在工作时间离开办公桌和交易监视器几乎是不可能的事。这次为什么会例外呢?

我正在去和一个认识了20年的朋友共进午餐的路上。这是第一次他到华尔街区中心地带的25大街我的办公室拜访我。他从前是一位舞台魔术家和摇滚明星的赞助人,是一位非常招人喜爱的人。他有一项简单的建议要我答复。他想建立一个计算机商品交易体系,而后建立一系列期货基金,由他管理,并在全球交易。这项建议是:我是否乐意加入他的创业?

我简要回顾了我的状况。此时我已经在华尔街工作了16年,在过去的8年里,我拥有了自己的商品期货经纪行并在那儿进行操作。它不是一个非常大的公司，但拥有良好的声誉和盈利性。而最重要的是，它是我的公司。我是五所商品期货交易所的会员，我的公司是纽约商人交易所清算成员。他的建议听起来也不错。在我的办公室里，有足够的地方可以轻易地安排他和他的同事们的私人办公室，并配备他们想要的任何设备。但这里存在一个问题，它关系到这一建议出台的时机。

我才结束了一个巨大的铜和小麦的多头地位，在过去的8个月里我一直在关注它，并因它而费心劳神。我和我的客户们已经用它实现了几百万美元的利润，也许对于今日的巨额标准来说不算大，但在20世纪70年代早期是足以令人肃然起敬的了。我已决定，在风险投机活动的前沿阵地经营了这么多年之后，是到我关闭公司退休的时机了。我打算定居到法国的埃维恩，前年我在那儿买了一幢位于日内瓦河滨的四层别墅。实际上我已经把关闭公司的情况通知给我的客户们，并已从我们的交易活动中返回给他们丰厚的利润，我还把这些情况告诉了我的员工们。

很遗憾，我做出的结论是我不能再返回那个领域。我把我的决定告诉了我的访问者——拉里·海特。他则继续为成为世界最大的商品期货基金经理而努力。

所以，现在我才会在去和一位老朋友度过一个安静的下午的路上，盼望着一顿丰盛的午餐，许多回忆，和对未来计划的讨论,人们喜欢拉里·海特,觉得他看起来总是一只眼盯着现在,另一只眼瞄着未来,因为他们自己一般总是太忙以致于没有时间好好细想过去。

那么,拉里·海特,这位亿万美元资金经理人是个什么样的人呢?

首先,他对我说他并不认为自己是一个优秀的商品期货交易者,对此我的回答是他无疑可以愚弄许多人,包括我自己在内。而他的回答令人惊奇:他认为自己主要从事的不是商品期货行业,而是处于一个"好赌"行业中。他说,在他看着交易机会时,并没有真的看到市场和交易地位;相反,他看到的是可能性、风险和回报。他解释道:包括资金管理和风险控制的投资策略,即使不比交易的真实技巧方面更重要,也同样重要。这实际上是这本书中多次着重指出的观点,很高兴能看到这位世界级基金经理人完全赞同这一观点。

下面是海特所说的有关他作为一位基金经理进行的开发工作:

我着手投入资源来开发一种针对市场的非主观、风险规避性的数量方法。价格数据要经过严格的计算机测试,来确定它们是否为重复出现的统计"事件"。如果是,这些事件接下来要经过进一步地严格地风险特性测试以便确定这种有约束条件的方法是否持续有利。

我发现，我确实可以冒非常小的风险获得有相当连续性的高于平均水平的回报。我的确可以不用阐释图表形状，不用阐释影响某一特定市场的供需原因，而又不使回报受到损失。我也的确可以分布到众多的市场中，保留很大的约束力，仍旧展现出一个诱人的投资回报。

我认为我的策略是一个十分完善的策略，它的交易计划非常适合我的个性和财力，有约束的、数量化的和营利性的策略。简言之，在一个统计学家和一个程序员的协助下，我开发了一套为我工作的数学证明原则。

下面是海特所说的有关“好赌行业”的观点：

我认为自己处于一个“好赌行业”之中。这是说，通过使用计算机，我们寻找好的下赌机会，也只试图下好的赌局。如果此赌局不合我们的要求，我们就舍弃它，即使它可能是别人想要进入的赌局。这与保险统计工作颇似。从本质上来讲，我所做的工作是将一个需要高度管理、令人兴奋的工作转化为保险统计程序——这项工作对于发现计算工作非常令人兴奋的人来说是极富吸引力的。我将市场和交易非情绪化，并将它们转化成为可能性研究。

下面是海特所说的有关交易是“禅宗似”行业的看法：

对我而言，这是一个非常像禅宗的行业，你最有用的工具是你自己。日本人写过一本关于用剑作战的书中说到,以剑作战的前提是:当你进入剑斗之中,立即想像你是一个已死之人,因此你不必担心被杀。你所要考虑的全部只是作出适当的动作。

一位优秀的交易商要做的事情是:一旦算出了准确的行动方式,就组织将这一行为正确实现的途径,并付诸实施。他(或她)既可以通过计算机,也可以通过一些其他的方式着手实现指定的目标。在我看来,使市场非情感化是一条达到连续获得回报目的的恰当的途径。如果说这一方法可能对这一行业中的某些人不够兴奋,那它的确是的。对我而言,进行交易不是为了兴奋,而是为了利润。

下面是海特对限制风险的看法:

无论对大交易商还是小投机者来说,非情感化的风险管理策略都极为重要。尽管有时在一特定时期我们会卷入达50个之多的市场之中,但仍要在每一个市场中设立风险尺度或止损限度。此外,要设立一个最大损失百分比,将每一头寸的风险与总资产相联系。这也即是说:根据收盘价,将资产组合中每一头寸的最大风险限制在账户总资产的百分之一。任何时候,以收盘价计的任何头寸的损失达到总资产的百分之一(或更多),我们就在次日上午对这一头寸进行清盘。

在我们的谈话中，我和拉里·海特讨论了他的这一策略：每一头寸风险的最大值为账户总资产的百分之一。我指出，当你操作的是几百万美元的项目时，很容易将风险控制在百分之一的范围内，而对于小投资者来说，百分之一的限制额显然是太紧，他们该如何进行风险管理呢？比如，百分之一的限制对一个3万美元的账户来说是300美元。这个数额太紧，也许仅仅因为场内交易商的投机行为制造的“噪声”，就会让你止损出场。

海特承认，百分之一的限制对于小额账户是太严格。但他觉得这一风险控制方法整体策略是有效的。这一个较小账户来说，他会提高风险尺度，比方说，提高到资本金的2%。这不仅坚持了风险控制的总体策略，也给了小投机者更大的回旋余地。显然，所冒风险超出建议的1%会使整体运作更具风险性，所以，每位交易商必须实行更多的防护来避免过度交易和其他不适当的战略战术。

14. 创建并运用一个技术性交易系统

本章开头我要说的是,在所有损失当中,最严重、代价最大的损失要算丧失自信。

成功的交易绝对要从自信开始,你自信:a)你有能力进行成功的交易;b)你有能力克服过去阻碍你成功交易的恶习;c)你有能力学习,能在一定的指导下成功地运作。

投机交易中,一个成功的、盈利的交易结果要取决于众多的因素,前面我们已经讨论了它们中的大多数。这项考查,即着重创立并运用一个技术性交易体系,并将它与健全的资金管理和风险控制相结合,将有助于把你推入"赢家圈子"中。

交易体系和交易方法多种多样。实际上如果你问9个不同的交易者,他们喜欢什么样的交易体系,得到的答案即使不多于10个,也会有10个不同的答复。

我不敢说在过去的30年里已经研究过现有的全部交易体系,但我绝对能说我已经研究过它们中的许多。

下面这些只是人们使用过的评价良好的技术体系中的一部分：

累积份配(Accumulation/Distribution)

平均真实区域(Average True Range，ATR)

商品渠道指数(Commodity Channel Index)

定向移动指数(Directional Movement Index)

代数平均(Exponential Averages)

肯特纳渠道(Keltner Channel)

威廉姆斯 R 线(Williams% R)

冲量(Momentum)

简单移动平均(Moving Averages，Simple)

代数移动平均(Moving Averages，Exponential)

交易量余额(On Balance Volume)

振荡器(Oscillator MACD)

抛物线止损(Parabolic Stop)

相对强度指数(Relative Strength Index)

随机(Stochastics)

支撑线和阻力线(Support and Resistance)

变异性止损(Volatility Stop)

交易量(Volume)

波林戈带(Bollinger Bands)

这张单子实际上不会有尽头，新的公式和指标仍旧在不停地开发出来。

我的技术分析方法可以被最好地概括为KIS方法。KIS,如许多人所知,意思是:Keep it simple,即尽量简单。在香港我的交易室里,我花了几个星期的时间查阅、评估各种数据卖主的计算机技术体系。最后我选择了它们中的一个,TELERATE,作为我使用的交易体系。

问题在于,尽管我对现有的技术指标很熟悉,并且用过它们中的大部分,但基于基本的KIS方法,我的工作中只需要一些极基础的指标就可以了。因此,TELERATE的工作人员只好为我建立一个适合我个性和交易策略要求的体系。

也许,有的交易者认为"多即是好",但对我而言却是"好即是好",无论它多么简单。在华尔街,我们有句话是"如果没有破,就不要去补它"。我所确定的方法非常符合"没有破"之说。事实上,它为我工作得很出色。我决定坚持使用这一体系。我们应当注意的是:没有完美的或"正确"的体系。任何为你工作的体系,只要使用顺手方便,就是"正确的体系",至少你认为是这样就可以了。

因此,在我谈论"我"的正确系统之前,请允许我暂且离题,就多种多样的体系分析方法中的一部分及如何使用作个介绍:

(1)移动平均

移动平均在所有技术指标中是使用最为多样广泛的一种分析技术。它们基本上是一种趋势跟进的工具，用于给趋势逆转发出信号。

买入:当较快的平均线往上穿过较慢的平均线时。这是上升趋势的信号。

卖出:当较快的平均线往下穿过较慢的平均线时。这是下降趋势的信号。

(2)定向运动

定向运动指数(DMl)是一种有力的趋势跟踪指标，它旨在给出相对较少但可靠的信号。定向运动指数包括3个组成部分:ADXR,+DI和-DT。

定向运动指标是测量市场定向的一个尺度,按0至100的售出测量。在有较高ADX(高于25/30)的市场上进行交易。ADXR的斜率也很重要,一条上升的ADXR线与一个有趋势的市场相对应,而一条下降的ADXR线则表明这是个无趋势的市场。

有趋势的:ADXR>25/30或一周内上升了3点的市场。

无趋势的:ADXR<25/30和冲量为负值的市场。

ADXR从35以上降到30以下=从有趋势转为无趋势

ADXR从30以下升到35以上=从无趋势转为有趋势

买入=上升指数(+DI)从下往上穿过下降指数(-DI)

卖出:下降指数(-D1)从下往上穿过上升指数(+DI)

只在ADXR高于25/30的市场上交易。

止损出场使用“极点法则”

在+DI和-D1相交那天,用当天的极点作为逆转点。

①如果你刚买空,逆转止损点是相交当天的价格低点。

②如果你刚卖空,逆转止损点是相交当天的价格高点。

⑧即使曲线已经相交,仍继续持仓和保留止损价格,直至你被截出市场。

另一种交易策略:再定向移动

在强劲的上升趋势运动中,+DI线和ADXR线上行较早,朝更高移动,一般+DI线位于ADXR线上方。当ADXR线向上穿过+DI线,而后转向下行时,表明上升趋势已经停止或结束,一个高盈利信号产生。这一信号通常在趋势转向当天或稍前一些时候出现。一般在实际趋势发生转换后的几天之内就可以看到ADXR线转向下行。

(3)随机

随机理论要确定的是最近的收盘价格与一定时期内的价格范围相关之处何在。这儿需要画出二条曲线：

%K=二条移动曲线中移动较快者；

%D=%K的移动平均线(移动较慢的曲线)。

如何运用随机

观察%D和价格之间的差异。

%D处于超买区域(大于80)时卖出；

%D处于超卖区域(小于20)时买入。

在差异出现时,激发点是%K线与%D相交。

买入信号。当二条线都下降到20~30范围(或更低),而后绿线(%K)转为上升并从下往上在这个范围内穿过蓝线(%D)。

卖出信号。当二条线都上升到70~80范围(或更高),而后绿线(%K)转为下降并从上往下在这个范围内穿过蓝线(%D)。

(4)波林戈带

近年来发展起来的一个最有用的技术概念是交易带,它是围绕一条移动平均线按确定距离画出的线条。它们广泛地用于决定超买/超卖水平。

波林戈带是市场变异性的函数,相对移动平均线的距离会变化。计算出移动的标准离差后,将其设置在一个简单移动平均数的上下方。一般建议使用一份20天期的移动平均。

如何运用波林戈带

剧烈的移动常常发生在带子朝中心的移动平均线紧缩之后。价格突破带子表明一种趋势的继续，而不是结束。底价(顶价)在带外形成后，接着在带内形成表明趋势的逆转。

从带子一端开始的移动全程走向另一端的带子，这种现象对于及早确定跟随移动的目标很有用。

一位有经验的分析家建议，当价格在两条带外走得很远的时候，应当开始缩减头寸。

(5)相对强度指数(RSl)

相对强度指数是净上升值平均数与净下降值平均数的比率。它广泛用于衡量超买和超卖水平，是一个非常有用的指标。

如何使用RSl

移动超过70则认为出现超买，而移动低于30则认为出现超卖。观察RSI和价格之间的差异(参见方法1)。

方法1:

在价格差异缩小，RSI处于上升状态时买入；

在价格差异增大，RSI处于下降状态时卖出。

例如，RSI 处于 60~70 之上，价格达到一个新的高位，但 RSI 没有上升。一旦 RSI 走势处于 60 之下，就可以确认这是天价已经形成的信号。底价信号的形成则相反。

方法 2：(在有趋势的市场中最有效)

在 RSI 线往上穿过 50% RSI 线时买入；

在 RSI 线往下穿过 50% RSI 线时卖出。

寻找经双重 M·A 信号确认的 RSI 信号。

我所到之处，实际上是我发言的每一个会议和研讨班上，投资者看来都一心想着技术性交易体系。下面引述最近我看到的一篇投机和交易体系的连载报道：

读者应当充分理解，投机之路没有一条堂皇的道供你走。你可以得到一个问题的全部信息，并用数学证明的精确性来算出利润的大小。体系交易商的障碍是有许多未知情况。甚至成功的操作者也无法向自己解释说他们知道何时购入股票有利，何时价格涨得太高。

将一本书塞满数字是件多么容易的事，图表也足足有余。没有一种股票……不意味着希望与恐惧在极大程度上的交替，没有一种股票能有无限的机会让投机者满怀获利的信心去买入。经纪人告诉我们 100 个人中有一个以这种方式买了，那么其他 99 个也会这么做。他们自己进行计算、加和减……试这种体系尝那种理

论……并通过他们的投机带给自己丰富的收益。

这些话听来熟悉吗？你曾在某些金融书籍或市场指导中读到过吗？最近你确实读到过是极不可能的。因为这些话是120多年前，詹姆斯·K. 默德伯雷[1]于1870年所写的。

如果交易商们在19世纪尝试交易体系的话，他们极可能使用现在的体系。事实上几乎每一个交易商都在某个时候或另一时候，尝试过某种形式的交易体系，用以改善对入市时间的控制，借以使自己在有利头寸上多留一会，于损失头寸上及早退出。这三个目标都非常重要，而融资的成功还有赖于运作者能够以最大的连贯性来追求并实现它们。

一个良好的趋势跟进体系，其独一无二的诱人之处（如其定义所言）在于它能够在趋势移动变化的尽可能早期，建立一笔与走势一致的交易头寸（走向的及早确认要仰仗所选用技术指标的敏感程度）。典型的好体系（此例中是一个长期体系）常常能使你在市场继续朝有利于你的方向移动时继续持仓，而在趋势逆转时又让你能止损出场。问题在于"常让你继续持仓"之上，几乎所有的体系交易商都发现，在市场趋势有利时，恰当调整

① 詹姆斯·K. 默德伯雷是华尔街的英雄和谜一般的人物（伯林顿，Ⅵ. 弗拉萨出版商，1870年出版，1968年再版）。

止损价格,保持原有头寸是件极其困难的事情。而(这是极为关键的“而”字)市场不是将你截出,就是在有利之时发生逆行。在充满紧张和白热化的真实交易世界里,止损价格的设置是一门最微妙、最完美的艺术,是进行有效的趋势交易的关键所在。止损价格或者太紧,价格由于微小的技术性回落而频频摆动,你则不断地被截出市场;或者太松,将使你承担巨额的、无法防范的损失,或是在市场逆行时,将账面盈利的大部分还给市场。正确调整止损价格这一问题的解决办法可能是设计一个成功的体系中最困难的部分,也是新技术研究中唯一受到最大关注的领域。

趋势跟进体系的另一大问题是,在宽阔的横向价格运动时期(不幸的是这种移动较明确而活跃的趋势更普遍),体系使用者常常在价格上升时买入,回落时卖出。这些进进出出的损失对趋势跟进体系交易来说无法避免。运作者需要耐心和金融实力度过一系列的进出损失,而等待一个获取巨利的大波动。拥有这种必需的留滞能力和约束力不是件容易的事。但经验表明,如果你有一个可行的、经过验证的趋势跟进方法,最好是坚持它并跟随至最后,而不要试图用第二假定和持续的过度管理来“改善”运作结果。

关于摒弃一个经人验证的交易体系这一问题,有许多值得借鉴的例子,尤其是在近 3 ~ 5 年。许多以前成功的世界级交易人士,拥有连续一致的长期系统策略,后来却放弃他们已经验证的方法,转向偏好非正轨的自行其是的交易策略,其运作结果令人失望。几乎所有事例中的操作者们都承认,放弃已经验证的技术系统,使用一个跟随形势之后的自行决定策略是一个错误。

让我们进入到第15章,从整体上对交易体系作个更详细的讨论,尤其是关于我的专门建议。

15. 交易系统Ⅱ：克罗的建议

前面我们讨论过，在各种各样技术方法中，我偏好 KIS 方法，主要工具是用移动平均交叉法。

随着交易体系的发展，移动平均法成为所有分析方法中最古老、最基本的方法。移动平均(MA)最简单的形式是用末尾的“X”个连续数之和除以“X”。举例说明，将最近10天的收盘价格相加除以10，就可以得到一个简单移动平均值(SMA)。最广为使用的SMA组合可能是5对20天、4对9对18天的组合。

把“对比”转变成图示是因为体系交易商们经过多年的反复实验发现，“交叉”技术把握住了一个MA交易体系的最大优势。

使用MA体系基本上可以通过两种方式，这两种方法的效果常常优于更为复杂和困难的体系，这使交易商们感到愕然。使用一个简单而基本的体系(如12天的SMA体系)时，当收盘价高于12天的SMA值你就买入，而当收盘价低于12天的SMA值时，你就卖出。

这种简单的体系提供的灵活性却较小，性能比第二种使用方法要差一些。第二种方法使用了双重（甚至三重）交叉，如一个5对20天的交叉体系。在短期移动平均线上行穿过长期移动平均线时买入；反之，则结束多头或是开立空头。

严谨的系统交易商们倾向于尽可能多地运用移动平均方法。一些交易商使用加权移动平均体系，他们给予近期的价格变动较高的权重，以前的价格动态较低的权重。而另一些操作者使用代数平滑移动平均体系，这种方法通过复杂的计算加入了一个可能无限平滑的时间跨度因素。显然它需要有程式化软件的个人电脑相配合，计算速度几乎要达光速。

对任一移动平均策略而言，无论它有多么复杂，关键的问题在于分析过程中选用的天数为多少，是否需要优化（裁度）以适应各种不同的商品要求。美国分析家弗兰克·霍克哈默和戴维·巴克尔在这方面做了出色的研究工作。需要指出的是：不要摒弃他们的研究。这些研究工作尽管是许多年前做的，由于当今的市场发生了全面的变化，不能依靠它们来指导投资。但是写入这些研究的目的是要揭示如何开展研究，并将它作为现代研究工作的出发点。

霍克哈默用1970~1976年的13种不同期货合约，按照3天至70天进行广泛排列组合后，测试它们的移动平均情况。他的结果表明：不存在一个最好的独一无二的组合。他的组合中，整体效益最好的最佳组合（收盘价穿过SMA）是：银、猪肚、大米、可可、大豆、铜、糖。

应当指出的是，这些都是按事后计算为依据进行的纯粹投机交易。实时（Real-time）结果显然不会是这样的利润。还要说明的一点是，全部交易的低利润率（从.201到.366）是相当典型的系统和公式交易的结果。

表15-1　霍克哈默最佳移动平均组合表

最佳平均	累积利润/损失	交易量	盈利交易量	亏损交易量	对率盈利数/总交易数
银　19天	$42,920+	1393	429	964	.308
猪肚19天	97,925+	774	281	493	.363
大米43天	24,646+	565	126	439	.223
可可54天	87,957+	600	157	443	.262
大豆55天	222,195+	728	151	577	.207
铜59天	165,143+	432	158	274	.366
糖60天	270,402+	492	99	393	.201

对那些兴趣不仅限于使用简单的收盘价与单一移动平均作比较的方法的交易商，下一步用的是双重移动平均交叉。采用这一方法，需要计算一个短期和一个长期的移动平均，例如，一个8对35天的移动平均。当8

天移动平均向上穿过35天移动平均时你就买入;反之则卖出。霍克哈默用1970~1979年的20种不同组合,对测试最优的交叉时期又一次作出了出色的研究。下列是他测试出的最优组合中的一部分:

银	13对26天
猪肚	25对46天
大米	12对48天
可可	14对47天
大豆	20对45天
铜	17对32天
糖	6对50天

另一位在系统测试中做出了出色工作的分析家是戴维·巴克尔,他把一个5对20天的双重MA交叉体系(没有最优化)和一个最优化后的双重MA交叉体系(1975—1980)作了对比测试。无疑,最优化后的形式表现一直比直接的5对20图形要好。下列是巴克尔最佳组合的部分:

银	16对25天
猪肚	13对55天
大米	14对67天
可可	14对38天
大豆	23对41天
铜	4对20天

糖　　　　14 对 64 天

格外有趣的是，在霍克哈默和巴克尔的最优化交叉组合间存在相近的相关关系。

下面对两个交易体系（一个短期的和一个长期的）的描述是为那些希望进一步了解移动平均交叉交易的操作者提供的。它们在 1992 年和 1993 年表现很好。

长期系统

下列组合中的任一个：

a. 收盘价对 5 天 EMA 对 8 天 EMA

b. 收盘价对 7 天 SMA 对 50 天 SMA

SMA＝简单移动平均

EMA＝代数移动平均

买入信号：第一次出现收盘价加上二条 MA 线之和为正增长，

第二天按今天高价加上 3 点作为止损价格买入。

卖出信号：第一次出现收盘价加上二条 MA 线之和为负增长，

第二天按今天低价减去 3 点作为止损价格卖出。

退出市场：采用 1500 美元的资金管理止损限度。

注意：这是长期系统，使用较松的止损限额。

短期系统

采用60分钟(小时计)条形图。交易则在收盘时或第二天开盘进行。避免依据一天内信号进行交易。

看下列指标:

收盘价,7天SMA,50天SMA

进入多头: 如果在一份60分钟的条形图上得到的收盘价对7天SMA对50天SMA排列呈现牛气,第二天以今天的高价加上3点作为止损价格买入。

进入空头: 如果在一份60分钟的条形图上得到的收盘价对7天SMA对50天SMA排列呈现熊气,第二天以今天的低价减3点作为止损价格卖出。

退出市场:

初始止损限额:$600.00。

当赚到$400利润时,将止损限额推进$300。

当利润超过$800时,将止损限额移到收支平衡点。不再改变止损限额。

实际上你能看出计算机交易体系优点之一是十分专业和确切。一个显著的特征是它不像许多投机者一样对每个市场的多头地位有偏好,因为所有的信号都来自体系中的数学计算。

纳起来基本内容是:一个交易体系是一项工具,如同大多数工具一样,它们有优质的,也有平庸的。没有一个系统能够成为获得持久利润的"最终解决办法"。

它们至少须和良好的市场策略、资金管理和可行的风险控制结合起来使用。尽管仍有众多成功的交易商不懂数据盘和接口盘的区别，但在一位客观的、训练有素的操作者手中，“正确”的体系可以成为成功地进行交易的一个有力帮手。但(这儿又出现了这个大写的“但”字)，系统有效性的发挥与操作者所有的耐心和所受的训练成正比。

系统交易的结束语

在第 14 章、第 15 章，针对系统交易，我们为你作了一个客观的、易于理解的介绍。对交易体系更进一步的了解则超出了本书的范围，可以参考有关计算机系统交易的专门论著。

16. 后记:克罗的持续获利市场策略

在文章的开头我想说的是,我本从未打算在本书中写进下列的内容。我经营着巨大的账户,有个人的也有机构的。下述的内容概括了我在自己的账户中进行交易的实践策略。一般认为,这是纯属专利的极为机密的信息。那我为何同意将之写入书中呢?

我在这个行业工作了 33 年,已经写过 5 本有关交易的书。30 年来,华尔街一直对我不错,思量再三之后,我觉得如果这些策略能够对其他投资者有帮助,那与人分享又何尝不是件好事。因此才有了下文。

但有几句话我要讲清楚。下述的策略并不是对每个人都适用的,把它当作一个普遍适用的方法将是一个错误。它仅仅是一个人的个人交易方法,也只应当这样认为。这项策略对我有效吗?毫不含糊,它当然适用于我。那它对你有效吗?也许不会,至少它的表面表达形式可能不适合你。我希望,那些认真严肃的交易商(本文也仅为严肃认真的交易商而写)通读本书,加以提炼,使这些战术和战略适应他们的个性和个人风格。这样的话,这些策略同样也能为他们有效工作。

本章最后详细列出了期货合约的"每份合约的最大风险"。可能不会再有第二位交易商完全同意这些数据。一些人可能觉得风险(止损距离)控制太松,另一些人则觉得太紧。该表中的测试结果,不仅由计算机得出,也通过我的反复试验得出。它们看来很适合我。

记住,这是我个人的投资策略,它虽然与期货交易联系在一起,但很容易在作出调整后同样适用于股票交易。

斯坦利·克罗的交易策略

(1)克罗是一位盈利头寸上的长线系统交易商,常常将盈利交易保留至少6周;不利头寸上的短线交易商,常常在不利交易中停留不到2周。

(2)他运用一个机械交易系统,进行该系统同意的每一笔交易,除非他只能从他跟踪的四种货币中最多(为每位客户)选择两种。一般说来,除非在市场极度跌荡时,他必须通过自行决定的方式拒绝某笔新的交易或从现行交易及早退出外,他不采用自行决定的方法。

作为系统交易商的主要优势在于,如果系统工作正常,与市场步调一致的话,它能够在相当一段时期内提供一个稳定的风险回报率。

(3)他是一位资产组合多样化的资金经理。跟踪并交易26种不同的期货合约,遍布全美各主要市场,外加香港和新加坡商品交易所的市场。

(4)他是一位技术交易商,使用的进入和退出信号以价格为基础。这些信号通过对每一市场所做的技术性分析产生,未经优化,且全部市场使用同样(活跃)的信号。

(5)他是一位相对保守的资金经理,在信用交易中使用的资金不到各账户资产的25%。一般在每一市场上仅交易1种至2种总值达10万元的合约。这可以避免过度的杠杆作用和过度交易。余下的75%的资金投资于短期国库券以及作为持有储备。

(6)他构建的资产组合包括了最大数量的多样化市场群:食品和化纤、利率工具、复合能源、谷物、肉类、金属和亚洲市场。在每一市场中,他挑选主要合约的最活跃月份进行交易。这样一个广泛分散的资产组合中,市场之间具有相对弱的相关关系。

(7)他在持有多头头寸或空头头寸间绝无偏好。在构建资产组合时,他留意在多头和空头之间实现一个客观的、防御性的平衡。

(8)他在每一市场上运用严格的风险控制限额。典型的是每份合约的初始风险,或资金管理止损限额设置小于$1500。而支持长期交易的确切数据则由历史验证来决定。如果止损限额太宽,会产生无法承受的高额损失;如果止损限额太窄,会使交易频率上升,每笔交易的利润下降。因此,止损限额的确定要允许交易时间有发展伸缩的余地。止损限额于每日开盘前输入,每笔头寸每天实行一个止损限额。他在每一市场头寸上冒的风险(依据头寸大小)平均为账户资产的1.0%到2.0%。

(9)克罗有选择地运用交易止损额度。根据市场及其技术特征,他设置止损限额的依据可以是市场的变异性、交易的利润额和交易时间。有些市场历史走向稳定,他可以不用追踪(推进)止损限额。有些市场,他确信交易模型有充分的敏感性,能够对趋势变动做出适时反应。总而言之,他的止损限额设置策略允许长期交易有时间和空间进行发展。

(10)他不试图摘取天价和地价。他几乎一直在市场中交易他的多数合约,一旦建立一个趋势跟进头寸,他就假定每一笔头寸其结果都是跟随大势的,并尽可能长地跟随这一趋势移动。而止损限额会"告诉"他何时从市场逆转中抽身而退。

(11)他如果被过早地截出市场,而第二天市场仍旧保持原有走向,他将运用他的客观进入策略,按同一走向重返市场。

(12)他的新账户进入策略通常是等待新的信号。

但如果他最近的一个进入信号表现为损失,他可能依据交易的天数和近期市场动态进入交易。

17. 践:90 年代
中国内地和香港的投资机会

据说 20 年前,一般的中国人想要的是一辆自行车、一台缝纫机和一块手表。20 世纪 80 年代这张单子上增加了彩色电视机、电冰箱和其他设备。90 年代,再去预计下一张民族“愿望单”也许很困难。但可能包括一台放像机、一套音响系统、空调和移动电话,对许多高收入者来说还有一辆汽车。

人们该怎样从经济观念上来描述中国呢?单纯的统计数字超过了人们的想像力,它表明中国已经拥有世界上最大的制造业和服务业公司。一个有 12 亿消费者的市场,一个有 7 亿人口的劳动力大军,一个 1994 年以 13% 的速度增长的经济(相比于美国的 3% 的增长率),更不用说从发达国家几乎每个角落涌入的亿万元投资资金。

经济学家们预测,由于中国在进行经济改革,到 20 世纪末,其经济增长速度平均可达约 9%。但这一发展速度一点也没保证,发展的道路也许并不平坦。相伴而来的迅猛通货膨胀,起起落落的国际看法以及基础设施,都使任何理性的观察家想系紧安全带,戴好防护甲。

15年前,中国的最高领导人邓小平发表了一次历史性的讲话,激发了一场经济革命。邓先生简单地说:“贫穷不是社会主义。”他说了这些话,并发动了一场推动中国向前发展的运动,帮助引导现代中国社会走向他所说的“小康社会”。

十年“文化大革命”,使中国陷入一片混乱,国家濒临崩溃的边缘,中国领导人在此之后发现中国已完全与世界发展相隔离。中国人民的生活和1952年第一次开始“二战”后经济恢复时期的生活水平一样低。

1978年,国家统计公报说“肉食、家禽、饲料和其他粮食短缺……无法满足人民日益增长的需要”。大多数粮食,甚至从自行车到洗衣粉这样的消费品都采用配给方式供应。

但到1992年,分配券已经取消,肉类、蛋和饲料的人均产出分别为25分斤、8分斤和令人吃惊的380公斤,与国际水准相平。

邓先生说,在改革中“允许一部分人先富起来”。

他的话现在已成事实。

1994年,经济增长迅速,产业多样化发展信心十足。改革给中国社会带来了巨变,神奇地提高了生活水平，尤其是较发达地区更是如此。

多年以前，当我刚做美菱公司的业务员时，我记得和一位渊博的华尔街人士谈到瑞士银行家。我尤其记得这句话：**“如果你看到一位瑞士银行家跳出窗外，你就跟着他往外跳。他不仅可以软着陆，而且还可能以这种方式赚到钱。”**显然是一句夸张的话，但这中间不无真理。

最近，瑞士三家最大公司之一的瑞士银行公司宣布进一步进军中国，在上海建立其在中国大陆的第二家代表处。

瑞士银行驻北京代表处的一位发言人以瑞士人特有的沉默态度指出：“这是个明显的信号，我们的银行想在中国扩展业务。”

如果作为榜样的瑞士银行家想跳入中国，为什么我们不同样做？我们应当更多地进入中国吗？时机如何安排？

作为一名长期的华尔街交易商，我已被训练成这样：在我开始谈盈利潜力之前，我认为先谈谈涉及的风险更合适。

(1)我们只看到中国在过去15年的增长，在进行大规划时，这只是非常短的一段时间，不足以得出长期推论。

(2) 中国的基础设施不具有配套性。经济腐败和丑闻看来很猖獗。尽管政府看来有进行整顿的决心,但人们会问,他们有经验和人力来恰当实施这项工作吗?

(3) 我经常被要求挂牌做中国的商品和期货市场的业务。抛开众所周知已经确立的交易所,如北京、上海、深圳和郑州的交易所,以及南京新成立的石油交易所不谈,人们可以看到大多数中国的交易所对自己的未来感到迷惘和不确定。目前,中国估计已有超过 100 家的交易所和远期市场,8 万多家农贸市场和交易集市在朝全国化发展。

(4) 中国合同的法律效力总体来说达不到标准。这些标准在许多国家被认可,是持续追求重大业务目标的基本保证。

(5) 除了在控制通货膨胀和货币供给过松上的重大努力外,影响经济和经营环境稳定的障碍仍然存在。在不久的将来能否控制住它们还很不确定。

中国幼稚的商品期货行业面临成为其迅速的、无节制的扩张结果的受害者的危险。商品期货市场在全国兴起,它的增长既无组织又重复建设。

中国花了 5 年的时间来建立商品期货交易。现在,在北京、南京、上海、深圳和郑州的交易所里,主要交易的合约有谷物,其他农产品和食油,石油和金合约。但除了这些已经建立的交易所外,还有大量新建的期货交易所，它们导致的结果是同一商品期货有多重市场。据报道，该国有20多家官方批准的批发市场和所谓的期货交易所，另有30多家即将开业或正在计划之中。

中国主要商品交易所
(1994年1月)

名称	交易产品	建立年份
北京金鹏铜交易所	铜	1991
北京商品交易所	商品	1993
北京石油交易所	石油	1992
南京石油交易所	石油	1992
上海金属交易所	非铁金属	1992
深圳有色金属交易所	非铁金属	1992
郑州商品交易所	粮食	1990

一些当地掌权部门想当然认为，建立自己的期货市场可以使当地的政治家和企业家（他们常常是同一个人）富裕。同时，很强的地方保护主义使一些地方政府将外来产品排斥于他们领地之外。尽管北京再三重申期货交易所和公司必须经过中央政府的批准，一些地方政府仍旧声称有权批准成立。

直接投资于中国公司是非常困难的。至1994年3月，仅有48家公司允许向外国人卖特种“B”股（1991年开始）。相反，国际投资者已瞄准香港，它的股市上有许多公司与中国有业务往来。过去的两年里，与近来国际股市下跌之势相反，那些包括寻找“中国概念”在内的投资者们推动香港股票大幅上涨,使许多完全致力于中国的共同基金在这一时期为股票持有者获得了巨额回报。

参与中国的经济增长,并不是只有到上海和深圳的幼稚股票市场上买进卖出这一种简单的方法,还有许多其他的方法可供外国投资者选择。

这些途径包括一些封闭式投资公司和越来越多的开放式基金。它们的全球或仅亚洲资产组合一直在买进中国概念股。

一部分中国公司的股票已经在 **NYSE** 挂牌上市,随着中国朝更加开放的经济体制发展,很可能在纽约和香港进行额外的公开发售。简言之,至少在目前,西方投资者参与中国投资的最合适地方是通过共同基金。

另外还有一条途径让西方投资者参与中国的经济增长,但这条路风险更大,需要更多的知识和金钱。中国正考虑一条新解决办法,吸引外国投资来解救即将倒闭的国有企业,包括将它们的产权完全出售。中国想让资本雄厚的公司(所谓白色骑士企业)接管不健康企业。问题在于,愿意或能够对这些企业进行投资的公司中,有毛病的企业比健康的企业多得多。

展望 21 世纪初,中国经济增长的主要受益者实际上是日本、韩国、中国香港特别行政区和台湾地区的公司,它们生产附加值很高的产品,而不仅仅是简单的东西，如纺织品或钢铁。从长远来看，中国需要的是我们称为“中等技术”设备的 企业，如高能工厂、炼制厂、现代钢铁厂、电子工厂和汽 车厂，这些亚洲国家（和地区——译者注）可以向中国提供 这些东西。

结论：1997 年后的香港

这是一个巨大的问题，如果你问 5 个不同的香港观察家，你会得到至少 6 种不同答案。

让我们努力将事实和逻辑与传闻和臆测区分开来。

你当然不可能在考虑 1997 年后的香港时，不去想想中国。中国明显缺少（可能在以后的几年中）一个组织良好的基础设施、法律和合同的约束、自由兑换的外汇体制以及顺畅的通信，这不仅在国内，而且在国际业务中也是如此。

因此，对国际上的大部分投资者来说，香港将继续担当进入中国大门之任，并从远东进一步的经济扩张中受益。这样做比直接卷入中国内地的不确定性和风险要小。事实上，如果一个人能够开发出一套好的多国战略，香港能成为每个人追求的“中国概念”的可行解决办法。

香港的许多股票，尤其是银行业和中高技术业都极深地卷入了中国内地，他们的增长和获利性与大陆相联。显然，又一个潜在“中国概念”。

由于香港接近中国大陆及其与中国大陆之间的亲

密关系,香港能在中国内地的金融、机械工程和建筑业的扩张中进一步受益,这表明一个健全的管理良好的固定资产开发、机械工程和建筑筹划的考虑是有益的。

随着1997年的临近,香港对中国内地的边界可能扩张,香港越来越大,并进一步发展。香港总体的扩张会导致通货膨胀的增加;而人口的扩张,尤其是中国大陆人口的挤入,会使香港产生额外的社会问题。同时,中国大基建项目的渗入,使香港需要更多的人力资源,不仅是需要高层次的劳动力,还需要低层次的劳动力,大陆可以提供这些劳力。

最后,香港政府和行政部门可能失去一些在前1997年英国行政管理部门运行下的效率和良好秩序,从而使管理健全良好的香港私营金融和服务行业公司更具吸引力。